中职数学知识的奥秘

◎张英华 编

南京大学出版社

内容摘要

本书是一本数学工具书,主要以最新"十四五"职业教育国家规划教材(中等职业学校公共基础课程教材)《数学(基础模块)》为蓝本,汇集、整理了中职数学的重要知识点。同时,结合高职考试(单独考试)与实际课堂教学情况,对一些数学知识点进行适当拓展与穿插。本书以"'张'口点拨"的形式,对疑难、易错和富于技巧的地方进行了说明与点拨,让学生能够有效地识记数学定义、定理、公式,触类旁通地进行思考与理解。

本书可供中职学生以及数学爱好者学习和使用,同时又可作为数学教师及相关领域人员参考用书或学习用书。

图书在版编目(CIP)数据

中职数学知识的奥秘 / 张英华编. —南京:南京大学出版社,2022.5

ISBN 978 - 7 - 305 - 25551 - 9

Ⅰ. ①中… Ⅱ. ①张… Ⅲ. ①数学课-中等专业学校-教学参考资料 Ⅳ. ①G634.603

中国版本图书馆 CIP 数据核字(2022)第 063423 号

出版发行 南京大学出版社
社　　址　南京市汉口路 22 号　　　邮　编　210093
出 版 人　金鑫荣
书　　名　中职数学知识的奥秘
编　者　张英华
责任编辑　苗庆松　　　　　　编辑热线　025 - 83592655
照　　排　南京开卷文化传媒有限公司
印　　刷　南京人民印刷厂有限责任公司
开　　本　787×1092　1/16　印张 7.25　字数 120 千
版　　次　2022 年 5 月第 1 版　2022 年 5 月第 1 次印刷
ISBN　978 - 7 - 305 - 25551 - 9
定　　价　29.80 元

网　　址:http://www.njupco.com
官方微博:http://weibo.com/njupco
官方微信:njupress
销售咨询热线:025-83594756

前 言

职业教育作为一种类型教育，与普通教育具有同等重要地位。

职业学校以"人人皆可成才、人人尽展其才"的教育理念，通过提质培优、"双高"建设等措施，强化内涵建设，不断提升职业教育的质量和水平。可以说，职业教育得到了更多的社会认可，越来越多的孩子通过职业教育，遇见了更好的自己，活出多彩人生。

近年来，国家开始全面构建中职、专科、应用型本科、专业研究生的教育培养体系，全面打通职业教育的升学之路。使得中职的很多孩子，能够通过"单独考试、职教高考、中高职一体化五年制班"等途径，提升自己的综合素养，提高自己的学历文凭。

在此大环境下，在中职阶段打牢文化课基础，为未来发展奠基，已成为许多中职师生的共识。

中职数学是中职生学习专业理论和技术的工具，对学生素质的提高和发展有着重要的作用。如何提高中职数学学习成绩以及找到一本有效的数学工具书,成为许多中职教师、中职学生的迫切需求。

　　为了给广大中职学生排忧解难,提升中职学生的数学学习兴趣,解决中职学生学习数学的实际困难,杭州市财经职业学校张英华老师在多年教学经验的基础上,整合相关理论和知识点,编写了《中职数学知识的奥秘》一书。

　　由于编者水平有限,疏漏和不当之处在所难免,恳请广大读者给予批评指正。同时,为了提高本书的使用质量,本书在每页的侧边进行了"留白",供广大读者补充知识、延展技巧、记录心得。

编　者

2022 年 1 月

中 职 数 学 知 识 的 奥 秘

目 录

第一章 集合

章节 思维导图

集合
- 集合的概念
  - 集合的定义
  - 元素的特征
  - 元素与集合的关系
- 集合的表示
  - 字母法
  - 列举法
  - 描述法
  - 区间法
  - 韦恩图法
- 集合的关系
  - 包含关系
  - 真包含关系
  - 相等关系
  - 不包含关系
- 集合的运算
  - 交集
  - 并集
  - 补集

"张"口点拨

数学新概念的学习规律,基本上都差不多.

比如,在小学一年级,我们关于整数(其实是自然数)的学习顺序:先有概念,再有表示,然后有大小关系,最后有四则运算.

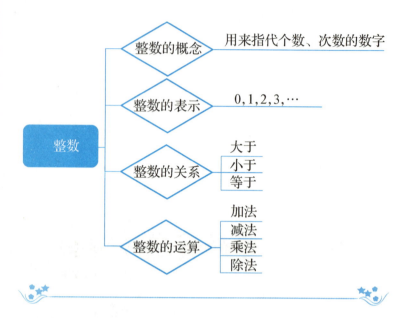

集合的概念

1. 集合

我们把一些事物构成的整体叫集合,简称为集.其中,整体中的每个事物叫集合的元素.

集合一般用大写拉丁字母 $A,B,C,\cdots$ 表示.

元素一般用小写拉丁字母 $a,b,c,\cdots$ 表示.

2. 集合中元素的特征

(1) 确定性:给定的集合,它的元素必须是"确定的".

① 如全体香蕉构成的集合,那么某个香蕉肯定是这个集合的元素,而苹果肯定不是这个集合的元素,非常明确.

② 如"全体很大的数"不能构成集合,哪些数才算是"很大"呢? 理解上会因人而异,不明确.

(2) 互异性:给定的集合中,没有两个元素是相同的.

如 1,2,3,2,1 这个五个数字构成的集合中,其实只有 1,2,3 这 3 个元素.

(3) 无序性:集合的元素无先后顺序之分.

集合{1,2,3}和集合{2,3,1}表示的是同一个集合. 同一个集合用"="表示,即{1,2,3}={2,3,1}.

"张"口点拨

一串香蕉构成的集合中,每只香蕉都是一个"元素",而苹果不是这个集合的"元素".

3. 元素与集合的关系

关系描述	表示	读法
元素 a 在集合 A 中	$a \in A$	a 属于 A
元素 a 不在集合 A 中	$a \notin A$	a 不属于 A

"张"口点拨

元素 a 和集合 A、集合 B,它们之间的关系为 $a \in A$, $a \notin B$.

$a \in A$ $a \notin B$

集合的表示

表示集合的 5 种方法:

我 的 笔 记

1. 字母法

用字母表示某些特殊的集合.

常用集合	自然数集	整数集	有理数集	实数集	空集
表示方法	**N**	**Z**	**Q**	**R**	$\varnothing$
集合描述	全体自然数构成的集合	全体整数构成的集合	全体有理数构成的集合	全体实数构成的集合	不含任何元素的集合

注意:

在集合中,字母的右上角加上"＊"表示"去零",加上"＋"表示"取正",加上"－"表示"取负".

如 $\mathbf{Q}^*$ 表示非零有理数集,$\mathbf{R}^+$ 表示正实数集,$\mathbf{Z}^-$ 表示负整数集.

 "张"口点拨

表示特殊集合的字母,是有来历的:

自然数集 **N**,取 Natural number(自然数)的首字母.

有理数集 **Q**,取 Quotient(商)的首字母,因为有理数都可以写成两个整数的商.

实数集 **R**,取 Real number(实数)的首字母.

整数集 **Z**,出自德语词汇"Zahlen",是为了纪念德国女数学家诺特对数学中环理论的贡献.

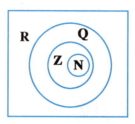

2. 列举法

把集合中的所有元素一一列举出来,并用花括号"{ }"括起来表示集合的方法.

如小于 3 的全体自然数构成的集合为 $\{0,1,2\}$.

注意:

用列举法表示集合时,(1) 元素和元素之间用逗号隔开,不能用顿号等其他标点符号;(2) 不能有相同的元素;(3) 元素之间无顺序;(4) 当元素呈现规律时,可以用省略号"…"表示,如 $\mathbf{N}=\{0,1,2,3,\cdots\}$,$\mathbf{Z}=\{\cdots,-3,-2,-1,0,1,2,3,\cdots\}$.

 "张"口点拨

对于空集,由于不含任何元素,所以可以将其形象地理解为

$$\varnothing=\{\ \ \}.$$

3. 描述法

有些集合无法用列举法表示,此时,可以利用元素的共同特征来表示集合,这种方法称为"描述法".

具体方法为在花括号内画一条竖线,竖线左边为元素的形式,竖线的右边为元素的特征,即

$$\{元素的形式 \mid 元素的特征\}.$$

如 $\{x \mid x>2,$ 且 $x\in\mathbf{Z}\}$ 表示由大于 2 的全体整数构成的集合,$\{(x,y) \mid y=2x+1\}$ 表示由直线 $y=2x+1$ 上的所有点构成的集合.

 "张"口点拨

生活中,除了可以用名字表示某个人外,还可以用这

 我的笔记

个人的独有特征来表示这个人.如说到西游记中以九齿钉耙为兵器的神仙,大家就知道是猪八戒.

描述法的原理与此相同.

4. 区间法

对于一些由连续实数构成的集合,可用"区间"来表示.

区间:由数轴上两点间的一切实数所组成的集合.其中,这两个点叫作区间端点.

在区间中,用圆括号表示"排除",读作"开",用方括号表示"包括",读作"闭".

集合表示	区间表示	分类
$\{x\mid a<x<b\}$	(a,b)	有限区间
$\{x\mid a\leqslant x\leqslant b\}$	$[a,b]$	
$\{x\mid a\leqslant x<b\}$	$[a,b)$	
$\{x\mid a<x\leqslant b\}$	$(a,b]$	
$\{x\mid x>a\}$	$(a,+\infty)$	无限区间
$\{x\mid x\geqslant a\}$	$[a,+\infty)$	
$\{x\mid x<b\}$	$(-\infty,b)$	
$\{x\mid x\leqslant b\}$	$(-\infty,b]$	
R	$(-\infty,+\infty)$	

注意:

用区间表示集合时,(1) 左端点肯定小于右端点;(2) "$-\infty$"只能位于区间左边,"$+\infty$"只能位于区间右边;(3) "$-\infty$"与"$+\infty$"都只能用小括号,不能用中括号,因为"$-\infty$"与"$+\infty$"都是符号,而不是一个确切的数,区间无法包含端点;(4) 中间带有"或"的集合,在区间表示时,采用并语言"$\cup$"表示,如$\{x\mid x\leqslant-3$或$x>1\}=$

$(-\infty,-3]\cup(1,+\infty)$.

5. 韦恩图法

用平面上封闭曲线的内部表示集合,这种图形称为韦恩图.

韦恩图可以非常形象的表示两个集合甚至多个集合之间的关系.

集合的关系

1. 包含关系

对于两个集合 A、B,集合 A 中任意一个元素都是集合 B 中的元素,我们就说这两个集合有包含关系,称集合 A 为集合 B 的子集,记作 $A\subseteq B$(或 $B\supseteq A$),读作"A 包含于 B"(或 B 包含 A).

用韦恩图表示包含关系如下:

$A\subseteq B$ 或 $B\supseteq A$

2. 真包含关系

对于集合 A、B,集合 A 中任意一个元素都是集合 B 中的元素,且集合 B 中至少有一个元素不在集合 A 中,我们就说这两个集合有真包含关系,称集合 A 是集合 B 的真子集,记作 $A\subsetneqq B$ 或($B\supsetneqq A$),读作"A 真包含于 B"(或 B 真包含 A).

用韦恩图表示包含关系如下:

我的笔记

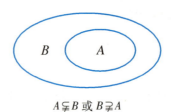

$A \subsetneqq B$ 或 $B \supsetneqq A$

3. 相等关系

如果集合 A 与集合 B 的元素完全相同,则称集合 A 与集合 B 相等,记为 $A = B$.

用韦恩图表示相等关系如下:

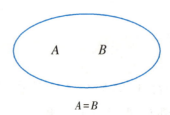

$A = B$

4. 不包含关系

如果集合 A 和 B,他们之中各有元素不属于对方,则称集合 A 与集合 B 没有包含关系,记为 $A \nsubseteq B$ 或 $B \nsupseteq A$.

用韦恩图表示不包含关系如下:

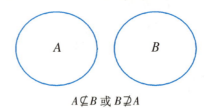

$A \nsubseteq B$ 或 $B \nsupseteq A$

注意:

(1)空集是所有集合的子集,是所有非空集合的真子集.

(2)如果集合 A 有 n 个元素,则集合 A 的子集有 2^n 个(0 个元素构成的集合+1 个元素构成的集合+2 个元素构成的集合+$\cdots$+n 个元素构成的集合),真子集有 $(2^n - 1)$ 个.

"张"口点拨

实数关系与集合关系对比理解:实数之间的大小关系有"≥、≤、>、<、=".

集合之间的包含关系有"⊇、⊆、⊋、⊊、=".

实数大小符号的理解:

"≤",即"<或=".

"≥",即">或=".

如 $-5 \leq 3$ 可以精确表示为 $-5 < 3$;$3 \leq 3$ 可以精确表示为 $3 = 3$.

集合关系符号的理解:

"⊆",即"⊊"或"=".

"⊇",即"⊋"或"=".

如 $\{1,2\} \subseteq \{2,1,3\}$ 可以精确表示为 $\{1,2\} \subsetneqq \{2,1,3\}$,$\{1,2\} \subseteq \{2,1\}$ 可以精确表示为 $\{1,2\} = \{2,1\}$.

 集合的运算

1. 定义集合的三种运算:交、并、补

运算名称	交运算 (交集)	并运算 (并集)	补运算 (补集)
表示	$A \cap B$	$A \cup B$	$\complement_U A$
运算规则	A 和 B 的所有公共元素组成的新集合	A 和 B 的所有元素组成的新集合	在 U 中,去掉 A 的所有元素后,剩余元素组成的新集合
符号语言	$A \cap B = \{x \mid x \in A,$ 且 $x \in B\}$	$A \cup B = \{x \mid x \in A,$ 或 $x \in B\}$	$\complement_U A = \{x \mid x \in U,$ 且 $x \notin A\}$
韦恩图示			

我的笔记

注意：

对于补集运算，在没有特别说明的情况下，全集 U 一般是指全体实数集 **R**.

"张"口点拨

实数可以进行加、减、乘、除等四则运算，集合则可以进行交、并、补等运算，各有各的运算符号，各有各的运算规则.如

交集：$\{1,2,3\} \cap \{1,3,5\} = \{1,3\}$.

并集：$\{1,2,3\} \cup \{1,3,5\} = \{1,2,3,5\}$.

补集：若 $A = \{x \mid x \geqslant 2\}$，$B = [-1,8)$，则 $\complement_U A = \{x \mid x < 2\}$，$\complement_U B = (-\infty, -1) \cup [8, +\infty)$.

2.几个运算性质

交集	并集
$A \cap B = B \cap A$	$A \cup B = B \cup A$
$A \cap A = A$	$A \cup A = A$
$A \cap \varnothing = \varnothing$	$A \cup \varnothing = A$
$A \subseteq B \Leftrightarrow A \cap B = A$	$A \subseteq B \Leftrightarrow A \cup B = B$

"张"口点拨

A 是 B 子集的另一种说法：$A \cap B = A$ 或 $A \cup B = B$.

第二章 四种条件

章节 思维导图

四种条件 —— 充分条件

必要条件

充要条件

既不充分又不必要条件

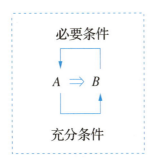
四种条件

1. 充分条件、必要条件

如果由 A 能推出(得到)B,那么就称 A 是 B 的充分条件,或者 B 是 A 的必要条件.

$$
\begin{array}{c}
\text{必要条件} \\
\downarrow \qquad \uparrow \\
A \Rightarrow B \\
\text{充分条件}
\end{array}
$$

2. 充要条件

如果 A 能推出 B,并且 B 也能推出 A,那么就称 A 是

我 的 笔 记

B 的充分必要条件,且 B 也是 A 的充分必要条件,简称为充要条件.

充要条件又称为"等价于",用符号"$\Leftrightarrow$"表示,A 是 B 的充要条件,即 $A \Leftrightarrow B$.

3. 既不充分又不必要条件

如果 A 不能推出 B,并且 B 也不能推出 A,那么就称 A 是 B 的既不充分又不必要条件,B 也是 A 的既不充分又不必要条件.

注意:

(1) 要判断两个命题互为何种条件,只需要先确定是哪个命题推出(得到)哪个命题.前者是后者的充分条件,后者是前者的必要条件.

(2) A 是 B 的充要条件,即 A 和 B 可能是不同的表述语句,但表达的却完全是同一个意思,正所谓换汤不换药.

如"两直线平行"与"同位角相等"表达的是同一个意思,所以"两直线平行"是"同位角相等"的充要条件.

如"$x+2=6$"与"$2x=8$"表达的是同一个意思,都是"$x=4$",所以"$x+2=6$"是"$2x=8$"的充要条件.

 "张"口点拨

充分条件和必要条件,哪个范围更大一些呢?

老张口诀:充小必大.

口诀解释:充分范围小,必要范围大,充分是必要的子集.

"老张是杭州人"是"老张是浙江人"的充分条件."老张是浙江人"是"老张是杭州人"的必要条件.

不等式

章节 思维导图

```
                        比较数/式的大小 ——— 作差比较

                                        ┌─ 对称性
                                        ├─ 传递性
                        不等式的性质 ───┼─ 可加性
                                        ├─ 可乘性
                                        └─ 加法单调性

   不等式 ─────        一元一次不等式 ——— $ax>b$

                                        ┌─ $ax^2+bx+c>0$
                        一元二次不等式 ──┤
                                        └─ $ax^2+bx+c<0$

                                        ┌─ $|ax+b|>c$
                        绝对值不等式 ───┤
                                        └─ $|ax+b|<c$

                                        ┌─ 基本不等式
                        基本不等式 ─────┤
                                        └─ 公式变形
```

我的笔记

比较数/式的大小

1. 作差比较

对于任意两个实数(或代数式)a 和 b,有

$$a-b>0 \Leftrightarrow a>b;$$

$$a-b=0 \Leftrightarrow a=b;$$

$$a-b<0 \Leftrightarrow a<b.$$

注意:

(1) 如果作差的结果是一个常数,可以直接判断其正负,如由 $\dfrac{11}{3}-\dfrac{26}{7}=-\dfrac{1}{21}<0$ 知,$\dfrac{11}{3}<\dfrac{26}{7}$.

(2) 如果作差的结果是一个含有字母的代数式,则一般通过配方法来判断其正负,如由 $(x^2+x)-(5x-6)=x^2-4x+6=(x-2)^2+2>0$ 知,$x^2+x>5x-6$.

 "张"口点拨

比较数/式的大小,记得用"证据说话".

(1) 要说明 $a>b$,只需说明 $a-b>0$.即如果 $a>b$,那么 $a-b>0$.

(2) 要说明 $a=b$,只需说明 $a-b=0$.即如果 $a=b$,那么 $a-b=0$.

(3) 要说明 $a<b$,只需说明 $a-b<0$.即如果 $a<b$,那么 $a-b<0$.

不等式的性质

1. 对称性

若 $a>b$，则 $b<a$.

2. 传递性

若 $a>b$，$b>c$，则 $a>c$；
若 $a<b$，$b<c$，则 $a<c$.

3. 可加性

若 $a>b$，则 $a+c>b+c$.

4. 可乘性

若 $a>b$，$c>0$，则 $ac>bc$；
若 $a>b$，$c<0$，则 $ac<bc$.

5. 加法单调性

若 $a>b$，$c>d$，则 $a+c>b+d$；
若 $a<b$，$c<d$，则 $a+c<b+d$.

注意：

（1）对于不等式的可乘性，一定要注意乘上的那个数是正数还是负数.

（2）对于不等式的加法单调性，同向不等式只能相加，不能相减.

一元一次不等式

解一元一次不等式，实质是利用不等式的性质，将不

我的笔记

我 的 笔 记

等式进行化简的一个过程.

$$当 a>0 时, ax>b \Leftrightarrow x>\frac{b}{a};$$

$$当 a<0 时, ax>b \Leftrightarrow x<\frac{b}{a}.$$

解一元一次不等式,实质也是比较代数式大小的一个过程.

如解不等式 $2x-1>x+5$,即题目在发问,当 x 为何值时, $2x-1>x+5$?

 一元二次不等式

 "张"口点拨

初中知识回顾:

对于一元二次方程 $ax^2+bx+c=0(a \neq 0)$,其根的判别式为 $\Delta = b^2-4ac$.

当 $\Delta > 0$ 时,一元二次方程有两个不相等的实数根.

当 $\Delta = 0$ 时,一元二次方程有两个相等的实数根.

当 $\Delta < 0$ 时,一元二次方程没有实数根.

当 $\Delta \geqslant 0$ 时,方程解可以利用公式求得 $x = \frac{-b \pm \sqrt{b^2-4ac}}{2a}$.

一元二次不等式的解,关联于一元二次方程的解.

可以利用一元二次函数的图象,求一元二次不等式的解.

$\Delta=b^2-4ac$	$\Delta>0$	$\Delta=0$	$\Delta<0$
$y=ax^2+bx+c$ $(a>0)$的图象	$x_1>x_2$	$x_1=x_2$	
$ax^2+bx+c=0$	$x=\dfrac{-b\pm\sqrt{b^2-4ac}}{2a}$	$x_1=x_2=\dfrac{-b\pm0}{2a}=-\dfrac{b}{2a}$	无实数解
$ax^2+bx+c>0$	$x>x_1$ 或 $x<x_2$	$x\neq-\dfrac{b}{2a}$	全体实数解
$ax^2+bx+c<0$	$x_2<x<x_1$	无实数解	无实数解

注意：

（1）当$a<0$时，可以将不等式两边同时乘以"-1"，然后再求一元二次不等式的解.

（2）如果$a>0$，$\Delta>0$，一元二次不等式的解的口诀为大于两边分，小于中间夹.具体为

$ax^2+bx+c>0$ 的解为"$x>$大根或$x<$小根"；

$ax^2+bx+c<0$ 的解"小根$<x<$大根".

"张"口点拨

举例：

因为$x^2-9=0$的解为$x=3$（大根）或$x=-3$（小根）；

所以$x^2-9>0$的解为$x>3$（大根）或$x<-3$（小根）；

所以$x^2-9<0$的解为-3（小根）$<x<3$（大根）.

绝对值不等式

解绝对值不等式的关键是"去绝对值符号"，其规

则为

（1）当 $c>0$ 时，

$|ax+b|>c \Leftrightarrow ax+b>c$ 或 $ax+b<-c$；

$|ax+b|<c \Leftrightarrow -c<ax+b<c$.

（2）当 $c<0$ 时，

$|ax+b|>c$ 的解为全体实数；

$|ax+b|<c$ 无实数解.

（3）当 $n>m>0$ 时，

$m<|ax+b|<n \Leftrightarrow m<ax+b<n$ 或 $-n<ax+b<-m$.

1. 基本不等式

对于任意正实数 a,b，$\dfrac{a+b}{2}$ 称为 a,b 的算术平均数，

$\sqrt{ab}$ 称为 a,b 的几何平均数.

两个正数的算术平均数大于或等于它们的几何平均数，也就是

$$\frac{a+b}{2} \geqslant \sqrt{ab}.$$

当且仅当 $a=b$ 时，不等式的等号成立.

我们把不等式 $\dfrac{a+b}{2} \geqslant \sqrt{ab}$ 称为基本不等式或均值定理.

 "张"口点拨

均值定理 $\dfrac{a+b}{2} \geqslant \sqrt{ab}\,(a>0,b>0)$ 包含两种情况：

（1）当 $a \neq b$ 时，有 $\dfrac{a+b}{2} > \sqrt{ab}$；

(2) 当 $a=b$ 时，有 $\dfrac{a+b}{2}=\sqrt{ab}$.

举例：

因为 $3\neq 2$，所以 $\dfrac{3+2}{2}>\sqrt{3\times 2}$；

因为 $4=4$，所以 $\dfrac{4+4}{2}=\sqrt{4\times 4}$.

2. 公式变形

均值定理除了用不等式 $\dfrac{a+b}{2}\geqslant\sqrt{ab}$ 表示外，也常变形为下列不等式：

（1） $a+b\geqslant 2\sqrt{ab}$；

（2） $a^2+b^2\geqslant 2ab$；

（3） $ab\leqslant\left(\dfrac{a+b}{2}\right)^2$.

当 $a=b$ 时，以上不等式的等号成立.

注意：

通常我们会碰到求形如 $ax+\dfrac{d}{bx+c}$ 的题型，可以将"ax"构造出"$bx+c$"的形式，如

$$ax+\dfrac{d}{bx+c}=\dfrac{a}{b}(bx+c)+\dfrac{d}{bx+c}-\dfrac{ac}{b}.$$

 "张"口点拨

例　已知 $x>2$，问当 x 为何值时，代数式 $x+\dfrac{4}{x-2}$ 有最小值，最小值是多少？

解：由均值定理得

 我的笔记

我的笔记

$$x + \frac{4}{x-2} = (x-2) + \frac{4}{x-2} + 2$$

$$\geqslant 2\sqrt{(x-2) \times \frac{4}{x-2}} + 2$$

$$\geqslant 2\sqrt{4} + 2 = 6.$$

所以当 $x-2 = \dfrac{4}{x-2}$，即 $x=4$ 时有最小值，最小值为 6.

第四章 函 数

章节 思维导图

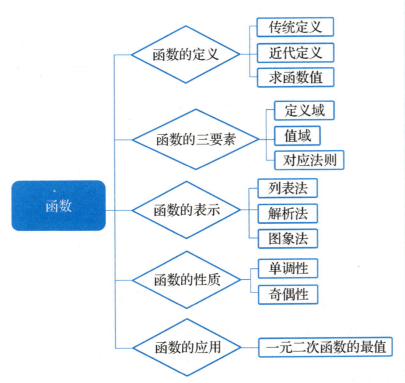

函数
- 函数的定义
  - 传统定义
  - 近代定义
  - 求函数值
- 函数的三要素
  - 定义域
  - 值域
  - 对应法则
- 函数的表示
  - 列表法
  - 解析法
  - 图象法
- 函数的性质
  - 单调性
  - 奇偶性
- 函数的应用
  - 一元二次函数的最值

函数的定义

1. 传统定义

假设有变量 x 和 y，如果对于任意一个 x 都有唯一确定的一个 y 和它对应，那么就称 x 是自变量，y 是 x 的

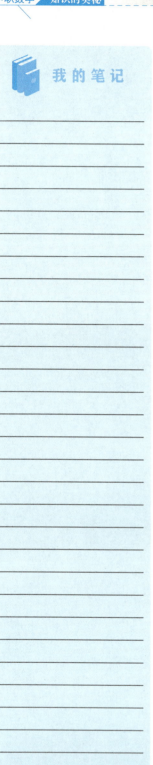

函数.

这是初中所学函数的定义.

2. 近代定义

设 A,B 是非空的数集,如果按照某种确定的对应关系 f,使对于集合 A 中的任意一个数 x,在集合 B 中都有唯一确定的数 y 和它对应,那么就称这个对应为从集合 A 到集合 B 的一个函数,记作 $y=f(x)$.

这是高中所学函数的定义.

其中 x 叫作自变量,y 叫作 x 的函数.

自变量 x 构成的集合 A 叫作函数的定义域,函数值 y 构成的集合 B 叫作函数的值域,f 叫作对应法则.

 "张" 口点拨

为什么要用 f 表示函数的对应法则?中文"函数"一词来自英文 function,是转译词.1859 年我国清代数学家李善兰在翻译《代数学》一书时,把"function"译成"函数".

注意:

函数的传统定义与近代定义比较.

(1) 传统定义中函数的因变量 y,在近代定义中用含有对应法则的 $f(x)$ 表示,这样更传神,即 $y=f(x)$;

(2) 传统定义中函数的解析式如 $y=2x+1$,在近代定义中表示为 $f(x)=2x+1$;

(3) 传统定义中,求自变量 $x=a$ 时函数的值,在近代定义中可以直接表述为求 $f(a)$,更简洁.

举例:

传统定义下(初中)	近代定义下(高中)
已知函数 $y=x^2-3x-2$,求 $x=-1$ 时的函数值,$x=a$ 时的函数值	已知 $f(x)=x^2-3x-2$,求 $f(-1)$,$f(a)$

"张"口点拨

概念	生活类比	形象理解	定义	举例
函数	撒豆成兵，黄豆 x 在咒语 f 的作用下变成士兵 y 黄豆 $\xrightarrow{\text{咒语}}$ 士兵 $f(\text{黄豆}) = $ 士兵	$x \xrightarrow{f} y$ $f(x) = y$	设 A,B 是非空的数集，如果按照某种对应法则（方法、规则）f，使得对于集合 A 中的任意一个数 x，在集合 B 中都有唯一确定的数 y 和它对应，那么就称 f 为从集合 A 到集合 B 的一个函数，记作 $y=f(x)$	$f(x) = \sqrt{2x+1} - 5$，f 的作用是将满足条件的 x "变成" $\sqrt{2x+1} - 5$
定义域	全体黄豆 x 构成的集合	｛黄豆｝	全体 x 构成的集合，即满足对应法则 f，让函数解析式有意义时 x 的取值范围	$f(x) = \sqrt{2x+1} - 5$ 的定义域为 $\{x \mid 2x+1 \geq 0\}$ $= \left[-\dfrac{1}{2}, +\infty\right)$
值域	全体士兵 y 构成的集合	｛士兵｝	全体 y 构成的集合	$f(x) = \sqrt{2x+1} - 5$ 的值域为 $\{y \mid y = \sqrt{2x+1} - 5\} = [-5, +\infty)$

3. 求函数值

在求函数值时，左边 $f(x)$ 括号内的 x 变成什么数（式），右边表达式中的所有 x 也都变成这个数（式）.

例 已知函数 $f(x) = \dfrac{1}{x^2 - 4}$，求 $f(5)$，$f(a)$，$f(2x+1)$.

解：$\because f(x) = \dfrac{1}{x^2 - 4}$，$\therefore f(5) = \dfrac{1}{5^2 - 4} = \dfrac{1}{21}$；

$\because f(a) = \dfrac{1}{a^2 - 4}$，

$\therefore f(2x+1) = \dfrac{1}{(2x+1)^2 - 4} = \dfrac{1}{4x^2 + 4x - 3}$.

 我的笔记

我 的 笔 记

例 已知函数 $g(x-2)=x^2+1$，求 $g(x)$，$g(0)$.

解：换元法（整体化括号内的变量）

令 $x-2=t$，则 $x=t+2$，

则 $g(x-2)=x^2+1$ 可以化为 $g(t)=(t+2)^2+1=t^2+4t+5$，

所以 $g(x)=x^2+4x+5$，

从而 $g(0)=0^2+4\times0+5=5$.

 函数的三要素

定义域、值域和对应法则被称为函数的三要素.

1. 定义域

函数的定义域是全体自变量 x 构成的集合，也就是当函数解析式有意义时，自变量 x 的取值范围.

常见函数定义域，其函数解析式的约束情况主要有 7 种：

① 分母不能等于0；

② 偶次方根的被开方式要大于或等于0；

③ 对数的真数要大于0，对数的底数大于0且不能等于1；

④ 取正切的角不能等于 $\frac{\pi}{2}+2k\pi(k\in\mathbf{Z})$；

⑤ 0次幂的底数不能等于0；

⑥ 分段函数的定义域是各范围的并集；

⑦ 函数描述的是实际问题，因此定义域要满足实际情况.

2. 值域

全体函数值 $f(x)$ 构成的集合,即函数值 $f(x)$ 的取值范围,也就是 y 的取值范围.

例 求函数 $g(x)=x^2-6x+1$ 的值域.

解: ∵ 函数 $g(x)$ 的表达式 $x^2-6x+1=(x-3)^2-8\geqslant 0-8=-8$,

∴ 函数 $g(x)$ 的值域为 $\{g(x)\,|\,g(x)\geqslant -8\}$(或用区间表示为 $[-8,+\infty)$).

3. 对应法则

在函数 $y=f(x)$ 中,"f"表示"对应法则","对应法则"可以理解为"对应规则""对应方法".简单地说,自变量 x 可通过方法 f"变成"因变量 y,f 是 x 与 y 的纽带.

函数的表示法

1. 列表法

用表格表示函数两个变量之间对应关系的方法.
如

x	−1	2	5	8
y	3	6	12	$\sqrt{3}$

函数的定义域为 $\{-1,2,5,8\}$,值域为 $\{3,6,12,\sqrt{3}\}$.
$f(-1)=3$,$f(2)=6$,$f(5)=12$,$f(8)=\sqrt{3}$.

2. 解析法

用等式表示函数两个变量之间对应关系的方法.
如 $f(x)=x^2+5$,函数的定义域为 **R**,值域为 $[5,+\infty)$.

我 的 笔 记

我的笔记

3. 图象法

用图象表示函数两个变量之间对应关系的方法.

如 $f(x) = x^3 - 3x + 1$ 的图象(如图).

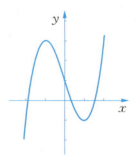

函数的定义域为 **R**,值域为 **R**.

 "张"口点拨

已知函数解析式,求作函数的图象,步骤有三:

(1) 列表;(2) 描点;(3) 连线(有条件).

这三个步骤的实质是函数三种表示法的转换(解析法表示函数→列表法表示函数→图象法表示函数).

 函数的性质

函数的单调性和奇偶性实质是将函数进行分类.

1. 单调性

设函数的定义域为 I,

对于定义域内的某个区间 D,在其中任取两个变量 x_1, x_2,不妨设 $x_1 < x_2$.

(1) 单调递增

当 $f(x_1) < f(x_2)$ 时,则称函数 $f(x)$ 在区间 D 上

是增函数,此时,区间 D 称为函数 $f(x)$ 的单调增区间(如图).

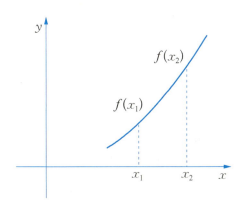

（2）单调递减

当 $f(x_1)>f(x_2)$ 时,则称函数 $f(x)$ 在区间 D 上是减函数,此时,区间 D 称为函数 $f(x)$ 的单调减区间(如图).

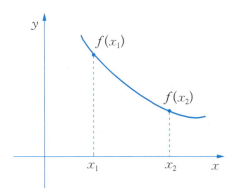

（3）证明函数单调性的步骤

① 任取两数:设 $x_1,x_2 \in D$,且 $x_1<x_2$;

② 比较大小:比较 $f(x_1)$ 和 $f(x_2)$ 的大小(也就是 y_1 和 y_2 的大小),一般采用作差比较;

③ 变形差值:将差值进行因式分解或配方;

④ 判断正负:判断差值 $f(x_1)-f(x_2)$ (即 y_1-y_2) 的正负;

⑤ 给定结论:指出函数 $f(x)$ 在给定区间 D 上的单调性.

我的笔记

我的笔记

（4）几种常见函数的单调性

函数类型	单调性	示意图
正比例函数 $y=kx$	$k>0$ 时，在 $\mathbf{R}$ 上递增； $k<0$ 时，在 $\mathbf{R}$ 上递减	
反比例函数 $y=\dfrac{k}{x}$	$k<0$ 时，在 $\mathbf{R}^*$ 上递减； $k>0$ 时，在 $\mathbf{R}^*$ 上递增	
一次函数 $y=kx+b$	$k>0$ 时，在 $\mathbf{R}$ 上递增； $k<0$ 时，在 $\mathbf{R}$ 上递减	
二次函数 $y=ax^2+bx+c$	$a>0$ 时，在 $\left(-\infty,-\dfrac{b}{2a}\right]$ 上递减， 在 $\left[-\dfrac{b}{2a},+\infty\right)$ 上递增； $a<0$ 时，在 $\left(-\infty,-\dfrac{b}{2a}\right]$ 上递增， 在 $\left[-\dfrac{b}{2a},+\infty\right)$ 上递减	

"张"口点拨

（1）单调区间和定义域是两个不同的概念，单调区间是定义域的子集.

（2）从图象的运动特征上看，单调递增是"从左往右上升"，单调递减是"从左往右下降".

从 x 和 y 的变化特征上看，单调递增是"x 和 y 的变化趋势相同（$x_1<x_2,y_1<y_2$）"，单调递减是"x 和 y 的变化趋势相反（$x_1<x_2,y_1>y_2$）".

（3）单调增（或减）区间有两个或两个以上时，区间之间不能用集合符号"∪"进行连接，只能用逗号"，"或文字"和"进行表述. 如 $f(x)=\dfrac{1}{x-2}$ 的定义域为 $(-\infty,2)\cup$

$(2,+\infty)$，但是，其单调减区间为$(-\infty,2)$，$(2,+\infty)$.

函数的奇偶性

我的笔记

函数的奇偶性，可以将函数分为4种类型.

$$函数\begin{cases}奇函数 \\ 偶函数 \\ 既奇又偶函数 \\ 非奇非偶函数\end{cases}$$

分类	奇函数	偶函数	既奇又偶函数	非奇非偶函数
图象特征	图象关于原点对称	图象关于y轴对称	图象既关于原点对称，又关于y轴对称	图象既不关于原点对称，又不关于y轴对称
解析特征	函数的定义域D是"对称"的，即对任意$x\in D$，有$-x\in D$			函数的定义域D是"不对称"的，即存在$a\in D$，有$-a\notin D$.
	$f(-x)=-f(x)$	$f(-x)=f(x)$	$f(-x)=\pm f(x)$	或$f(-x)\neq f(x)$，$f(-x)\neq -f(x)$
样图				
常见函数	1. $y=kx$； 2. $y=\dfrac{k}{x}$； 3. x全为奇数次幂.	1. $y=\lvert x\rvert$； 2. $y=ax^2(a\neq 0)$； 3. x全为偶数次幂.	$y=0$	1. $y=kx+b(k\neq 0, b\neq 0)$； 2. $y=ax^2+bx(a\neq 0,b\neq 0)$； 3. x既有奇数次幂又有偶数次幂.

"张"口点拨

（1）奇偶函数相加

奇函数+奇函数＝奇函数；

偶函数+偶函数＝偶函数；

奇函数+偶函数＝非奇非偶函数.

注：相减也有如上规律（相减的两个函数不能相同）.

（2）奇偶函数相乘

奇函数×奇函数＝偶函数；

偶函数×偶函数＝偶函数；

奇函数×偶函数＝奇函数.

注：相除也有如上规律（相除的两个函数不能相同、分母不能为 0）.

函数的应用

在中职数学中，一元二次函数最值的应用较为广泛.

	前提	$a \neq 0$	
解析式	一般式	$y = ax^2 + bx + c$	
	顶点式	$y = a(x-m)^2 + n$	
	交点式	$y = a(x-x_1)(x-x_2)$	
	一般式与顶点式互化	$y = ax^2 + bx + c = a\left(x + \dfrac{b}{2a}\right)^2 + \dfrac{4ac - b^2}{4a}$	
示意图	$a > 0$	$a < 0$	
对称轴	直线 $x = -\dfrac{b}{2a}$		
顶点	$\left(-\dfrac{b}{2a}, \dfrac{4ac - b^2}{4a}\right)$		
最值	当 $x = -\dfrac{b}{2a}$ 时，有 $y_{最小} = \dfrac{4ac - b^2}{4a}$	当 $x = -\dfrac{b}{2a}$ 时，有 $y_{最大} = \dfrac{4ac - b^2}{4a}$	
单调性	在 $\left(-\infty, -\dfrac{b}{2a}\right]$ 上递减，在 $\left[-\dfrac{b}{2a}, +\infty\right)$ 上递增	在 $\left(-\infty, -\dfrac{b}{2a}\right]$ 上递增，在 $\left[-\dfrac{b}{2a}, +\infty\right)$ 上递减	

第五章 指数与指数函数

章节 思维导图

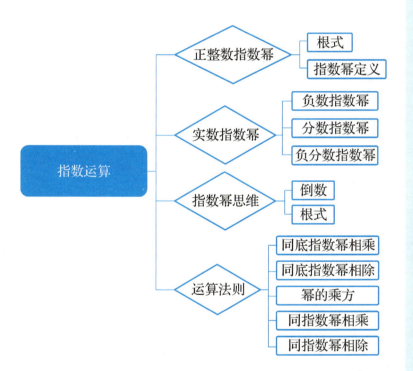

正整数指数幂

1. 根式

（1）若 $x^n = a$，则 x 叫作 a 的 n 次方根（$n > 1, n \in \mathbf{Z}^+$）.

当 n 为奇数时，x 的值只有一个，即 $\sqrt[n]{a}$；

我的笔记

当 n 为偶数时，x 的值有两个，即 $\pm\sqrt[n]{a}$.

（2）根式的性质：

① $(\sqrt[n]{a})^n = a$；

② 当 n 为奇数时，$\sqrt[n]{a^n} = a$；

当 n 为偶数时，$\sqrt[n]{a^n} = |a|$.

 "张"口点拨

$$\sqrt{9} = \pm 3\ (\times)$$

$$\sqrt{9} = 3\ (\checkmark)$$

$$-\sqrt{9} = -3\ (\checkmark)$$

注：数的运算，只会有一种结果.

2. 指数幂定义

（1）正整数指数幂的定义

初中学习了正整数指数幂，明确了 $a^n(n \in \mathbf{Z}^+)$ 的含义：

$a^n(n \in \mathbf{Z}^+)$ 表示 n 个 a 相乘，即 $a^n = \underbrace{a \cdot a \cdots \cdots a}_{n\text{个}}$.

如 $2^5 = \underbrace{2 \times 2 \times 2 \times 2 \times 2}_{5\text{个}}$，$3^{2t-1} = \underbrace{3 \times 3 \times \cdots \times 3}_{(2t-1)\text{个}}$.

（2）各部分的名称

$$a^n = t.$$

底数　幂　　指数

 "张"口点拨

可以将新旧知识进行对比学习：

加法运算

$$2 + 5 = 7.$$

$$\downarrow \quad \downarrow \quad \downarrow$$

加数 加数 和数

指数运算

$$2^3 = 8.$$

底数 幂

（3）零指数幂

约定 $a^0 = 1 (a \neq 0)$，也就是说 0^0 无意义.

在求函数的定义域时，要特别关注 0^0 无意义的情况，如函数 $y = (x^2 - 9)^0$ 的定义域为 $\{x \mid x^2 - 9 \neq 0\}$，即 $\{x \mid x \neq \pm 3\}$.

1. 负数指数幂

$$a^{-n} = \frac{1}{a^n}$$

2. 分数指数幂

$$a^{\frac{m}{n}} = \sqrt[n]{a^m}$$

3. 负分数指数幂

$$a^{-\frac{m}{n}} = \frac{1}{\sqrt[n]{a^m}}$$

指数幂拓展到实数之后，倒数、根式等相关概念可以

我的笔记

调整为指数幂思维.

初小说法	高中说法
$a(a \neq 0)$ 的倒数为 $\dfrac{1}{a}$	$a(a \neq 0)$ 的倒数为 a^{-1}
$a(a \geq 0)$ 的算术平方根为 $\sqrt{a}$	$a(a \geq 0)$ 的算术平方根为 $a^{\frac{1}{2}}$
a 的立方根为 $\sqrt[3]{a}$	a 的立方根为 $a^{\frac{1}{3}}$

指数运算法则

当 m、$n \in \mathbf{R}$ 时,指数幂有如下运算法则:

(1) 同底数幂相乘,底数不变,指数相加,即 $a^m \cdot a^n = a^{m+n}$;

(2) 同底数幂相除,底数不变,指数相减,即 $\dfrac{a^m}{a^n} = a^{m-n}$;

(3) 幂的乘方,底数不变,指数相乘,即 $(a^m)^n = a^{mn}$;

(4) 同指数幂相乘,指数不变,底数相乘,即 $a^n b^n = (ab)^n$;

(5) 同指数幂相除,指数不变,底数相除,即 $\dfrac{a^n}{b^n} = \left(\dfrac{a}{b}\right)^n$.

"张"口点拨

记忆不是智慧,但没有记忆就没有智慧.记住下列底数为 2、3、5、7 的指数幂结果:

$2^1=2$	$2^2=4$	$2^3=8$	$2^4=16$	$2^5=32$	
$2^6=64$	$2^7=128$	$2^8=256$	$2^9=512$	$2^{10}=1024$	
$3^1=3$	$3^2=9$	$3^3=27$	$3^4=81$	$3^5=243$	$3^6=729$
$5^1=5$	$5^2=25$	$5^3=125$	$5^4=625$	$5^5=3125$	
$7^1=7$	$7^2=49$	$7^3=343$	$7^4=2401$		

第六章 对数与对数函数

章节 思维导图

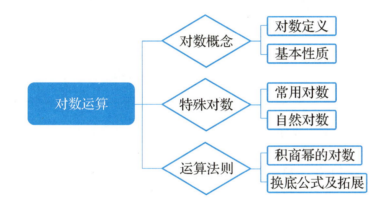

1. 对数定义

新定义"指数运算"的一种逆运算,名叫"对数运算".

对数:如果 $a^x = N(a > 0$ 且 $a \neq 1)$,则 x 叫作以 a 为底,数 N 的对数,记为 $x = \log_a N$,其中,a 叫作对数的底数,N 叫作真数.

指数运算与对数运算的互换形式:

$$\log_a N = x \Leftrightarrow a^x = N.$$

我的笔记

注意：

（1）"log"是对数的运算符号，同"+－×÷"一样，是"加减乘除"的运算符号；

（2）对数的标准写法为 $\log_a N$，$\log 23$、$\log_2^3$、$\log 2^3$、$\log 2_3$、$\mathrm{Log}_2 3$ 都是错误写法；

（3）在对数运算 $\log_a N$ 中，要求底数 $a>0$，且 $a\neq 1$，真数 $N>0$.

 "张"口点拨

对数 $\log_a N$，其含义为 a 的多少次幂等于 N.

如 $\log_2 8$ 就表示 2 的多少次幂等于 8. 我们知道 $2^3=8$，所以 $\log_2 8=3$.

2. 基本性质

（1）0 与负数没有对数，也就是说当 $N\leq 0$ 时，$\log_a N$ 无意义；

（2）几个恒等式：

① $\log_a 1=0$，如 $\log_5 1=0$；

② $\log_a a^t=t$，如 $\log_5 5^{\frac{3}{2}}=\dfrac{3}{2}$；

③ $a^{\log_a N}=N$，如 $5^{\log_5 2}=2$.

 特殊对数

1. 常用对数

将以 10 为底的对数称为常用对数.

也就是说，$\log_{10} N$ 是常用对数. 将常用对数 $\log_{10} N$ 简写为 $\lg N$，即

$$\log_{10} N = \lg N.$$

 "张"口点拨

常用对数的计算规律:

$$\lg \underbrace{100\cdots0}_{n\uparrow0} = n, \qquad \lg \underbrace{0.0\cdots01}_{n\uparrow0} = -n.$$

此外

$$\lg 2 \approx 0.301\ 0, \qquad\qquad \lg 5 \approx 0.699\ 0,$$

$$\lg 2 + \lg 5 = 1, \qquad \lg 4 + \lg 25 = 2, \qquad \lg 8 + \lg 125 = 3.$$

2. 自然对数

用英文字母 e 表示 2.718 28(约等于 2.72)的一个无理数,并取名为自然常数.

将以自然常数 e 为底的对数称为自然对数.

也就是说,$\log_e N$ 是自然对数.将自然对数 $\log_e N$ 简写为 $\ln N$,即

$$\log_e N = \ln N.$$

 "张"口点拨

实数中的"三朵金花":

金花之一为圆周率 π,圆周率用希腊字母 π 表示,是一个常数(无理数,约等于 3.14),代表圆周长和直径的比值.

$$\pi \approx \frac{22}{7} \approx 3.14.$$

金花之二为黄金分割数 ϕ,黄金分割数用希腊字母 ϕ 表示,是一个常数(无理数,约等于 0.618),把一条线段分割为两部分,使其中一部分与全长之比等于另一部分与这部分之比.

 我的笔记

$$\phi = \frac{\sqrt{5}-1}{2} = 2\sin 18° \approx 0.618.$$

金花之三为自然常数 e,自然常数用英文字母 e 表示,是一个常数(无理数,约等于 2.72),e 是一个成熟的细胞的平均分裂周期.

$$e = \lim_{n \to \infty} \left(1+\frac{1}{n}\right)^n \approx 2.72.$$

运算法则

1. 积商幂的对数

在 $a>0$,且 $a \neq 1, M>0, N>0$ 时,有

(1) $\log_a(M \cdot N) = \log_a M + \log_a N$,

如 $\log_3 24 = \log_3 3 + \log_3 8 = \log_3 4 + \log_3 6 = \cdots$;

(2) $\log_a \dfrac{M}{N} = \log_a M - \log_a N$,

如 $\log_3 2 = \log_3 6 - \log_3 3 = \log_3 10 - \log_3 5 = \cdots$;

(3) $\log_{a^k} N^t = \dfrac{t}{k} \log_a N$,

如 $\log_{3^2} 5^4 = \dfrac{4}{2} \log_3 5$.

2. 换底公式及拓展

(1) 换底公式

$$\log_a N = \frac{\log_b N}{\log_b a},$$

特别地,$\log_a N = \dfrac{\lg N}{\lg a} = \dfrac{\ln N}{\ln a}$.

（2）公式拓展

① $\log_a N = \dfrac{1}{\log_N a}$；

② $\log_a N \cdot \log_b M = \log_a M \cdot \log_b N.$

指数函数与对数概念

函数名称		指数函数		对数函数	
函数解析式		$y = a^x\,(a>0\ 且\ a\neq1)$		$y = \log_a x\,(a>0\ 且\ a\neq1)$	
		自变量 x 为指数		自变量 x 为真数	
		$a>1$	$0<a<1$	$a>1$	$0<a<1$
函数图象		(0,1)	(0,1)	(1,0)	(1,0)
函数性质	定义域	**R**		**R**$^+$	
	值域	**R**$^+$		**R**	
	过定点	(0,1)		(1,0)	
	单调性	在定义域 **R** 上是增函数	在定义域 **R** 上是减函数	在定义域 **R**$^+$ 上是增函数	在定义域 **R**$^+$ 上是减函数

我的笔记

第七章 三角函数

章节 思维导图

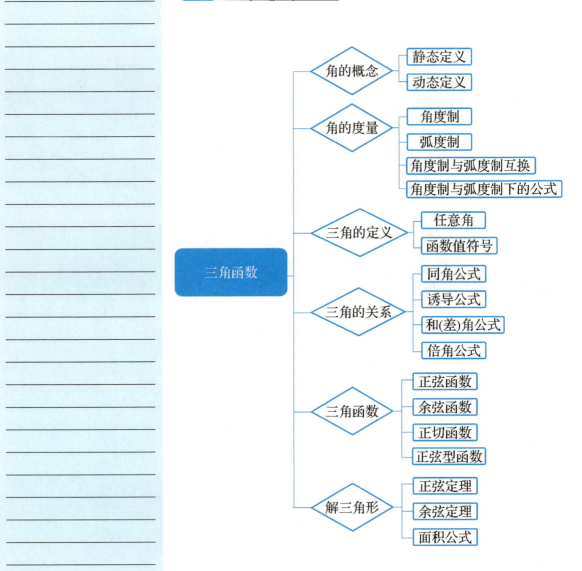

角的概念

1. 静态定义

小初阶段,学习的是角的静态定义.

角:有公共端点的两条射线所组成的平面图形.

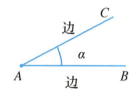

在此定义下,角的大小限定在 $[0°,360°]$.

2. 动态定义

高中阶段,学习的是角的动态定义.

角:一条射线绕其端点,从起始位置(叫角的始边)按指定的方向旋转到另一个位置所形成的平面图形.

射线沿逆时针方向每旋转一周为 $360°$.

在此定义下,角的大小突破了 $[0°,360°]$ 的范围限定,拓展到了 $(-\infty,+\infty)$ 之间.

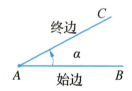

"张"口点拨

角的静态定义和动态定义叙述不一样,角的大小范围也发生了变化.

(1) 角的分类

① 按角的大小进行分类

我的笔记

$$角\begin{cases}零角:等于0°的角\\[4pt]劣角\begin{cases}锐角:大于0°且小于90°的角\\[2pt]直角:等于90°的角\\[2pt]钝角:大于90°且小于180°的角\end{cases}\\[10pt]平角:等于180°的角\\[4pt]优角:大于180°且小于360°的角\\[4pt]周角:等于360°的角\end{cases}$$

② 按旋转方向进行分类

$$角\begin{cases}正角:射线沿逆时针方向旋转所形成的角\\[2pt]零角:射线没有做任何旋转时所形成的角\\[2pt]负角:射线沿顺时针方向旋转所形成的角\end{cases}$$

③ 按终边所在位置进行分类

$$角\begin{cases}象限角\begin{cases}第一象限角\\第二象限角\\第三象限角\\第四象限角\end{cases}\\[14pt]界限角\begin{cases}终边在x轴正半轴上的角\\终边在x轴负半轴上的角\\终边在y轴正半轴上的角\\终边在y轴负半轴上的角\end{cases}\end{cases}$$

 "张"口点拨

数学中,经常在平面直角坐标系中研究角.为了更好地画一个角,一般统一"以坐标原点为顶点,以x轴正半轴所在射线为角的始边".

我 的 笔 记

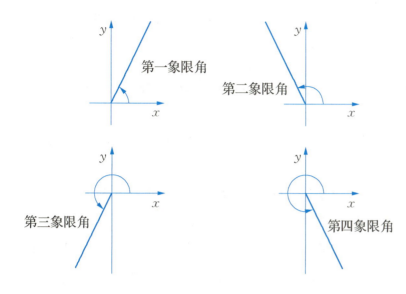

下表中,列举的是象限角与界限角的范围(或大小):

角	$[0°,360°]$内	$(-\infty,+\infty)$内
第一象限角	$(0°,90°)$	$(0°+k\cdot360°,90°+k\cdot360°)$, $k\in\mathbf{Z}$
第二象限角	$(90°,180°)$	$(90°+k\cdot360°,180°+k\cdot360°)$, $k\in\mathbf{Z}$
第三象限角	$(180°,270°)$	$(180°+k\cdot360°,270°+k\cdot360°)$, $k\in\mathbf{Z}$
第四象限角	$(270°,360°)$	$(270°+k\cdot360°,360°+k\cdot360°)$, $k\in\mathbf{Z}$
终边在x轴正半轴上的角	$0°$	$0°+k\cdot360°,k\in\mathbf{Z}$
终边在x轴负半轴上的角	$180°$	$180°+k\cdot360°,k\in\mathbf{Z}$
终边在y轴正半轴上的角	$90°$	$90°+k\cdot360°,k\in\mathbf{Z}$
终边在y轴负半轴上的角	$270°$	$270°+k\cdot360°,k\in\mathbf{Z}$

(2)角的关系

① 相等的角:射线的旋转方向和周数都相同的角.

α 和 β 相等 $\Leftrightarrow \alpha-\beta=0$.

我 的 笔 记

② 终边相同的角:终边位置相同的角(射线的旋转周数未必相同)

$$\alpha \text{ 和 } \beta \text{ 终边相同} \Leftrightarrow \alpha - \beta = k \cdot 360°, k \in \mathbf{Z}.$$

 "张"口点拨

要判断两个角是否终边相同,只需要将两个角作差处理,如果差是360°的整数倍,则两个角终边相同,否则就不相同.

如 420°和−300°,由于 420°−(−300°) = 720° = 2 × 360°,所以 420°和−300°是终边相同的角.

角的度量

1. 角度制

角度制:将圆周平均分为 360 等份,每等份圆弧所对应的圆心角规定为 1 度.用度作为单位来度量角的单位制叫作角度制.

度(°)、分(′)、秒(″)为 60 进制,其换算关系如下:

$$1° = 60', 1' = 60'', 1° = 3600''.$$

角度制是古巴比伦人的智慧结晶,古巴比伦将整个周角定义为 360°.

2. 弧度制

弧度制:等于半径的弧,规定其对应的圆心角为 1 弧度.用弧长与半径之比表示对应圆心角大小的方式,叫作弧度制.

弧度单位用符号 rad 表示,读作弧度.实际应用中,弧度单位经常省略不写.

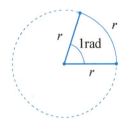 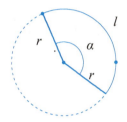

$$圆心角 = \frac{弧长}{半径}, |\alpha| = \frac{l}{r}.$$

 "张"口点拨

对于弧度制的定义,通俗一点说就是弧长 l 是半径 r 的几倍,那么圆弧所对的圆心角 α 就是几弧度.

3. 角度制与弧度制互换

(1) 精确换算

弧度变角度	π rad = 180°
角度变弧度	$1° = \dfrac{\pi}{180}$ rad

(2) 近似换算

弧度变角度	1 rad ≈ 57.3° ≈ 57°18′
角度变弧度	1° ≈ 0.017 45 rad

 我的笔记

我 的 笔记

 "张"口点拨

由于 $\pi \approx 3.14$，而 $\pi = 180°$，所以 $3.14 \approx 180°$.

特殊角的角度制以及弧度制互换：

角度	0°	30°	45°	60°	90°	120°	135°	150°	180°
弧度	0	$\dfrac{\pi}{6}$	$\dfrac{\pi}{4}$	$\dfrac{\pi}{3}$	$\dfrac{\pi}{2}$	$\dfrac{2\pi}{3}$	$\dfrac{3\pi}{4}$	$\dfrac{5\pi}{6}$	π

4. 角度制与弧度制下的公式

扇形中的公式	角度制	弧度制
弧长	$l_{弧长} = \dfrac{|\alpha|}{360°} \cdot 2\pi r$	$l_{弧长} = |\alpha| \cdot r$
面积	$S_{扇形} = \dfrac{|\alpha|}{360°} \cdot \pi r^2$	$S_{扇形} = \dfrac{1}{2} l \cdot r$

 "张"口点拨

弧度制下，扇形的面积公式 $S_{扇形} = \dfrac{1}{2}$弧长×半径$=\dfrac{1}{2}l \cdot r$，类似于三角形的面积公式 $S_{三角形} = \dfrac{1}{2}$底×高$=\dfrac{1}{2}a \cdot h$.

三角的定义

1. 任意角的三角函数

前提	点 $P(x,y)$ 是角 α 终边上任意一点，且 $|OP| = r$.
正弦	$\sin \alpha = \dfrac{y}{r} = \dfrac{y}{\sqrt{x^2+y^2}}$
余弦	$\cos \alpha = \dfrac{x}{r} = \dfrac{x}{\sqrt{x^2+y^2}}$

续 表

正切	$\tan\alpha=\dfrac{y}{x}$
x,y 以及 r 的关系	$r=\sqrt{x^2+y^2}$
图示	

 我的笔记

 "张"口点拨

例 已知角 α 终边过点 $P(-5,-12)$，求角 α 的正弦、余弦和正切值.

解：由已知得 $x=-5,y=-12$，

则 $r=\sqrt{x^2+y^2}=\sqrt{(-5)^2+(-12)^2}=13.$

所以

$$\sin\alpha=\frac{y}{r}=-\frac{12}{13},$$

$$\cos\alpha=\frac{x}{r}=-\frac{5}{13},$$

$$\tan\alpha=\frac{y}{x}=\frac{-12}{-5}=\frac{12}{5}.$$

2. 三角函数值的符号

α 为不同象限角时,三角函数的符号可能是不相同的.

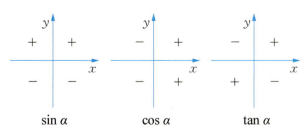

$$\sin\alpha \qquad \cos\alpha \qquad \tan\alpha$$

我的笔记

三角函数符号的记忆方法:

(1)第一象限的所有三角函数值都为"正",如果 α 是第一象限角,则 $\sin \alpha > 0$,$\cos \alpha > 0$,$\tan \alpha > 0$;

(2)正弦是"横向"为正,余弦是"纵向"为正,正切是"斜向"为正.

以 $\cos \alpha$ 为例,进行说明:

当 α 是第二象限角时,$\cos \alpha$ 为负,即 $\cos \alpha < 0$.

当 α 是第一象限角时,$\cos \alpha$ 为正,即 $\cos \alpha > 0$.

当 α 是第三象限角时,$\cos \alpha$ 为负,即 $\cos \alpha < 0$.

当 α 是第四象限角时,$\cos \alpha$ 为正,即 $\cos \alpha > 0$.

例 判断 $4\,200°$ 的三角函数值的正负号.

解: 因为 $4\,200° = 240° + 11 \times 360°$.

所以 $4\,200°$ 与 $240°$ 终边相同,都是第三象限角.

故 $\sin 4\,200° < 0$,$\cos 4\,200° < 0$,$\tan 4\,200° > 0$.

三角的关系

1. 同角公式

平方关系	$\sin^2 \alpha + \cos^2 \alpha = 1$
商数关系	$\tan \alpha = \dfrac{\sin \alpha}{\cos \alpha}$

"张"口点拨

同角公式是指相同角的三角函数关系式，如 $\sin^2 50° + \cos^2 50° = 1$，而 $\sin^2 50° + \cos^2 60° \neq 1$.

2. 诱导公式

（1）特殊角的三角函数值

角	界限角	第一象限角			界限角
角度	0°	30°	45°	60°	90°
弧度	0	$\dfrac{\pi}{6}$	$\dfrac{\pi}{4}$	$\dfrac{\pi}{3}$	$\dfrac{\pi}{2}$
$\sin\alpha$	0	$\dfrac{1}{2}$	$\dfrac{\sqrt{2}}{2}$	$\dfrac{\sqrt{3}}{2}$	1
$\cos\alpha$	1	$\dfrac{\sqrt{3}}{2}$	$\dfrac{\sqrt{2}}{2}$	$\dfrac{1}{2}$	0
$\tan\alpha$	0	$\dfrac{\sqrt{3}}{3}$	1	$\sqrt{3}$	不存在

"张"口点拨

记住一些次特殊角的三角函数值，对解题很有帮助：

角度	15°	75°	105°	165°
弧度	$\dfrac{\pi}{12}$	$\dfrac{5\pi}{12}$	$\dfrac{7\pi}{12}$	$\dfrac{11\pi}{12}$
$\sin\alpha$	$\dfrac{\sqrt{6}-\sqrt{2}}{4}$	$\dfrac{\sqrt{6}+\sqrt{2}}{4}$	$\dfrac{\sqrt{6}+\sqrt{2}}{4}$	$\dfrac{\sqrt{6}-\sqrt{2}}{4}$
$\cos\alpha$	$\dfrac{\sqrt{6}+\sqrt{2}}{4}$	$\dfrac{\sqrt{6}-\sqrt{2}}{4}$	$-\dfrac{\sqrt{6}-\sqrt{2}}{4}$	$-\dfrac{\sqrt{6}+\sqrt{2}}{4}$
$\tan\alpha$	$2-\sqrt{3}$	$2+\sqrt{3}$	$-(2+\sqrt{3})$	$-(2-\sqrt{3})$

我 的 笔 记

（2）诱导公式

诱导公式是指三角函数中,利用周期性将角度比较大的三角函数转换为角度比较小的三角函数的公式.

说明:本章公式中的所有 k 范围是 $k \in \mathbf{Z}$.

① 终边相同的角

$\sin(\alpha + k \cdot 360°) = \sin \alpha,$ $\cos(\alpha + k \cdot 360°) = \cos \alpha,$ $\tan(\alpha + k \cdot 360°) = \tan \alpha.$	$\sin(\alpha + 2k\pi) = \sin \alpha,$ $\cos(\alpha + 2k\pi) = \cos \alpha,$ $\tan(\alpha + 2k\pi) = \tan \alpha.$

终边相同的角,三角函数值都相等.

② 负角

$$\sin(-\alpha) = -\sin \alpha,$$
$$\cos(-\alpha) = \cos \alpha,$$
$$\tan(-\alpha) = -\tan \alpha.$$

负角,仅余弦值相等.

③ 和为 $180°(\pi)$ 的角

$\sin(180° - \alpha) = \sin \alpha,$ $\cos(180° - \alpha) = -\cos \alpha,$ $\tan(180° - \alpha) = -\tan \alpha.$	$\sin(\pi - \alpha) = \sin \alpha,$ $\cos(\pi - \alpha) = -\cos \alpha,$ $\tan(\pi - \alpha) = -\tan \alpha.$

和为 $180°(\pi)$ 的角,仅正弦值相等.

④ 差为 $180°(\pi)$ 的角

$\sin(\alpha + 180°) = -\sin \alpha,$ $\cos(\alpha + 180°) = -\cos \alpha,$ $\tan(\alpha + 180°) = \tan \alpha.$	$\sin(\alpha + \pi) = -\sin \alpha,$ $\cos(\alpha + \pi) = -\cos \alpha,$ $\tan(\alpha + \pi) = \tan \alpha.$

差为 $180°(\pi)$ 的角,仅正切值相等.

⑤ 和为 $90°\left(\dfrac{\pi}{2}\right)$ 的角

$\sin(90°-\alpha)=\cos\alpha,$ $\cos(90°-\alpha)=\sin\alpha.$	$\sin\left(\dfrac{\pi}{2}-\alpha\right)=\cos\alpha,$ $\cos\left(\dfrac{\pi}{2}-\alpha\right)=\sin\alpha.$

和为 $90°\left(\dfrac{\pi}{2}\right)$ 的角,三角函数名要变.

⑥ 差为 $90°\left(\dfrac{\pi}{2}\right)$ 的角

$\sin(90°+\alpha)=\cos\alpha,$ $\cos(90°+\alpha)=-\sin\alpha.$	$\sin\left(\dfrac{\pi}{2}+\alpha\right)=\cos\alpha,$ $\cos\left(\dfrac{\pi}{2}+\alpha\right)=-\sin\alpha.$

差为 $90°\left(\dfrac{\pi}{2}\right)$ 的角,三角函数名要变.

 "张"口点拨

六组诱导公式,其实有规律可循.

对于 $\dfrac{k\pi}{2}\pm\alpha$(或 $90°\cdot k\pm\alpha$)和 α 的三角函数值,可以概括为两句话:

奇变偶不变,符号看象限.

(1)奇变偶不变:"变"或"不变"指的是函数名.

当 k 是偶数时,得到 α 的同名函数值,即函数名不改变;

当 k 是奇数时,得到 α 的异名函数值,即 $\sin\rightarrow\cos$,$\cos\rightarrow\sin$,$\tan\rightarrow\cot$,$\cot\rightarrow\tan$.

(2)符号看象限:符号是指函数名前是"+"还是"−".

方法:① 将 α 看成锐角$\left(\text{如}\dfrac{\pi}{6}\text{或}30°\right)$,它是第一象限角.

② 再确定 $\dfrac{k\pi}{2}\pm\alpha$(或 $90°\cdot k\pm\alpha$)所在象限,从而进一步确定其函数值的正负符号(见"三角函数值的符号").

我的笔记

我 的 笔 记

例 化简 $\sin\left(\dfrac{\pi}{2}+\alpha\right)$，$\cos\left(\dfrac{\pi}{2}+\alpha\right)$.

解： 第一步，"奇变偶不变"，由于 $\dfrac{\pi}{2}+\alpha$ 中，$k=1$ 是奇数，所以函数名要变，$\sin\to\cos$，$\cos\to\sin$.

第二步："符号看象限"，假设 $\alpha=\dfrac{\pi}{6}$，则 $\dfrac{\pi}{2}+\alpha=\dfrac{2\pi}{3}$，这个角是第二象限的角. 对于第二象限的角，其正弦值为"+"，余弦值为"-".

综合上面两步，不难得到：

$$\sin\left(\dfrac{\pi}{2}+\alpha\right)=\cos\alpha，\cos\left(\dfrac{\pi}{2}+\alpha\right)=-\sin\alpha.$$

3. 和(差)角公式

（1）和(差)角公式

$$S_{\alpha\pm\beta}:\sin(\alpha\pm\beta)=\sin\alpha\cos\beta\pm\cos\alpha\sin\beta,$$
$$C_{\alpha\pm\beta}:\cos(\alpha\pm\beta)=\cos\alpha\cos\beta\mp\sin\alpha\sin\beta,$$
$$T_{\alpha\pm\beta}:\tan(\alpha\pm\beta)=\frac{\tan\alpha\pm\tan\beta}{1\mp\tan\alpha\tan\beta}.$$

4. 倍角公式

（1）倍角公式

$$S_{2\alpha}:\sin2\alpha=2\sin\alpha\cos\alpha,$$
$$C_{2\alpha}:\cos2\alpha=\cos^2\alpha-\sin^2\alpha$$
$$=2\cos^2\alpha-1$$
$$=1-2\sin^2\alpha,$$
$$T_{2\alpha}:\tan2\alpha=\frac{2\tan\alpha}{1-\tan^2\alpha}.$$

（2）$a\sin \omega x+b\cos \omega x$ 的合并

$$a\sin \omega x+b\cos \omega x=\sqrt{a^2+b^2}\sin(\omega x+\varphi).$$
$$其中，\tan \varphi=\frac{b}{a}，\varphi\in\left[-\frac{\pi}{2},\frac{\pi}{2}\right].$$

 "张"口点拨

将和角公式逆向应用，可以得到 $a\sin \omega x+b\cos \omega x$ 的辅助角公式：

$$a\sin \omega x+b\cos \omega x=\sqrt{a^2+b^2}\sin(\omega x+\varphi).$$

其中 φ 的大小可以由 $\sin \varphi$ 和 $\cos \varphi$ 的符号确定 φ 的象限，再由 $\tan \varphi$ 的值求出，或由 $\tan \varphi=\frac{b}{a}$ 和 (a,b) 所在的象限来确定.

 三角函数

1. 正弦函数

（1）解析式：$f(x)=\sin x$ 或 $y=\sin x$.

（2）图象：通过坐标原点的一条波浪线.

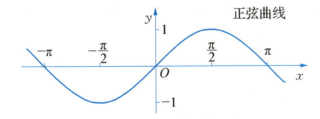

正弦曲线

（3）定义域：**R**.

（4）值域：$[-1,1]$，即 $-1\leqslant \sin x\leqslant 1$.

（5）最小正周期：2π.

我的笔记

(6) 单调性:在 $\left[2k\pi-\dfrac{\pi}{2},2k\pi+\dfrac{\pi}{2}\right]$ 上是增函数,

在 $\left[2k\pi+\dfrac{\pi}{2},2k\pi+\dfrac{3\pi}{2}\right]$ 上是减函数.

(7) 奇偶性:奇函数(函数图象关于原点对称).

(8) 最大和最小值:当 $x=2k\pi+\dfrac{\pi}{2}$ 时,有最大值

$y_{\max}=1$;当 $x=2k\pi-\dfrac{\pi}{2}$ 时,有最小值 $y_{\min}=-1$.

2. 余弦函数

(1) 解析式: $f(x)=\cos x$ 或 $y=\cos x$.

(2) 图象:不过坐标原点的一条波浪线(将正弦曲

线向左平移 $\dfrac{\pi}{2}$ 个单位).

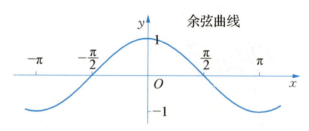
余弦曲线

(3) 定义域:**R**.

(4) 值域: $[-1,1]$,即 $-1\leqslant\cos x\leqslant1$.

(5) 最小正周期: 2π.

(6) 单调性:在 $[2k\pi-\pi,2k\pi]$ 上是增函数,在 $[2k\pi,$

$2k\pi+\pi]$ 上是减函数.

(7) 奇偶性:偶函数(函数图象关于 y 轴对称).

(8) 最大和最小值:当 $x=2k\pi$ 时,有最大值 $y_{\max}=1$;

当 $x=2k\pi+\pi$ 时,有最小值 $y_{\min}=-1$.

3. 正切函数

(1) 解析式: $f(x)=\tan x$ 或 $y=\tan x$.

（2）图象：

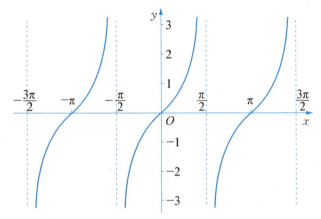

（3）定义域：$\left\{ x \mid x \neq k\pi + \dfrac{\pi}{2}, k \in \mathbf{Z} \right\}$.

（4）值域：$\mathbf{R}$.

（5）最小正周期：π.

（6）单调性：在$\left(k\pi - \dfrac{\pi}{2}, k\pi + \dfrac{\pi}{2} \right)$上是增函数.

（7）奇偶性：奇函数（函数图象关于原点对称）.

（8）最大和最小值：无最大最小值.

4. 正弦型函数

（1）解析式：$f(x) = A\sin(\omega x + \varphi)$ 或 $y = A\sin(\omega x + \varphi)$，其中 $A > 0, \omega > 0$.

（2）性质：① 振幅为 A；② 周期 $T = \dfrac{2\pi}{\omega}$；③ 相位为 $\omega x + \varphi$；④ 初相为 φ；⑤ 值域为 $[-A, A]$.

（3）"五点法"作图

描出正弦型函数的五个关键点（图象的最高点，最低点以及与 x 轴的交点），便可作出其草图.

方法：

① 令 $X = \omega x + \varphi$，分别取 $X = 0, \dfrac{\pi}{2}, \pi, \dfrac{3\pi}{2}, 2\pi$，并计算出相应的 x 的值.

我的笔记

我的笔记

$X=\omega x+\varphi$	0	$\dfrac{\pi}{2}$	π	$\dfrac{3\pi}{2}$	2π
x	$\dfrac{-\varphi}{\omega}$	$\dfrac{\dfrac{\pi}{2}-\varphi}{\omega}$	$\dfrac{\pi-\varphi}{\omega}$	$\dfrac{\dfrac{3\pi}{2}-\varphi}{\omega}$	$\dfrac{2\pi-\varphi}{\omega}$
y	0	1	0	-1	0

② 描点并连线. 由上表得到"五个点",分别是

$$\left(\dfrac{-\varphi}{\omega},0\right),\left(\dfrac{\dfrac{\pi}{2}-\varphi}{\omega},1\right),\left(\dfrac{\pi-\varphi}{\omega},0\right),\left(\dfrac{\dfrac{3\pi}{2}-\varphi}{\omega},-1\right),\left(\dfrac{2\pi-\varphi}{\omega},0\right).$$

③ 扩展图象. 利用函数的周期性,适当扩展图象.

如 $y=2\sin\left(3x-\dfrac{\pi}{4}\right)$ 的图象:

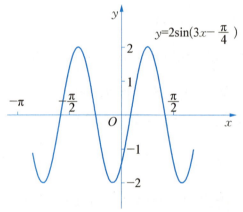

注意：

在正弦型相关题型中,经常用到 $a\sin\omega x+b\cos\omega x$ 合并-辅助角公式.

解三角形

1. 正弦定理

在 $\triangle ABC$ 中,设 a,b,c 分别为角 A,B,C 的对边.

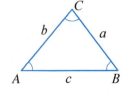

则有

三角形的边之比等于其对角的正弦值之比.

$$a : b : c = \sin A : \sin B : \sin C.$$

2. 余弦定理

在 $\triangle ABC$ 中,有

$$a^2 = b^2 + c^2 - 2bc\cos A,$$
$$b^2 = a^2 + c^2 - 2ac\cos B,$$
$$c^2 = a^2 + b^2 - 2ab\cos C.$$

上述等式主要用于求三角形的边.

$$\cos A = \frac{b^2 + c^2 - a^2}{2bc},$$
$$\cos B = \frac{a^2 + c^2 - b^2}{2ac},$$
$$\cos C = \frac{a^2 + b^2 - c^2}{2ab}.$$

上述等式主要用于求三角形的角.

 "张"口点拨

根据三角形三条边的长度,判断 $\triangle ABC$ 的形状:

(1) 若 $a^2 + b^2 = c^2$,则 $C = 90°$,$\triangle ABC$ 为直角三角形;

(2) 若 $a^2 + b^2 > c^2$,则 $C < 90°$,$\triangle ABC$ 为锐角三角形;

(3) 若 $a^2 + b^2 < c^2$,则 $C > 90°$,$\triangle ABC$ 为钝角三角形.

3. 三角形面积公式

在 $\triangle ABC$ 中,有

$$S_{\triangle ABC} = \frac{1}{2}bc\sin A$$
$$= \frac{1}{2}ab\sin C$$
$$= \frac{1}{2}ac\sin B.$$

第八章　向 量

章节 思维导图

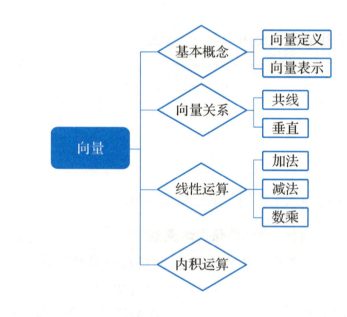

向量概念

1. 向量的定义

定义一个新的数学概念——向量.

向量:既有大小又有方向的量.

向量的两个要素:大小和方向.

"张"口点拨

数量是只有大小没有方向的量.

向量是既有大小又有方向的量.

2. 向量的表示

（1）几何表示

用有向线段（有方向的线段）表示一个向量.此时,有向线段的长度为向量的大小（又叫向量的模）,有向线段的方向为向量的方向.

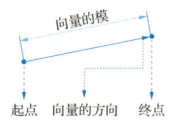

起点　　向量的方向　　终点

（2）代数表示

用字母表示向量.

① 印刷体.用黑体小写字母 a,b,c 等来表示.

② 手写体.在小写字母 a,b,c 等上方加一个箭头表示,即 $\vec{a},\vec{b},\vec{c}$ 等或用两个大写字母表示,如 $\overrightarrow{AB},\overrightarrow{EF}$ 等.

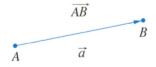

此时,向量的大小,即向量的模表示为 $|a|$ 或 $|\overrightarrow{AB}|$.

（3）坐标表示

用坐标表示向量.

在平面直角坐标系中,向量的坐标可以展现向量的大小与方向.

向量模的求法:

如图,若 $\overrightarrow{OP}=(x,y)$,则 $|\overrightarrow{OP}|=\sqrt{x^2+y^2}$.

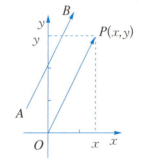

我的笔记

　　向量具有可平移性.由于平移不改变向量的大小和方向,所以平移后的两个向量相等.

　　如上图,$\overrightarrow{OP}=\overrightarrow{AB}$.

3. 两个特殊的向量

名称	特征	表示	等式
零向量	大小为 0 的向量.注:零向量的方向不确定	$\vec{0}$	$|\vec{0}|=0$
单位向量	大小为 1 的向量	$\vec{e}$	$|\vec{e}|=1$

4. 向量的关系

关系	特征	图示	代数关系	坐标关系
相等向量	大小相等且方向相同的向量		$\overrightarrow{AB}=\overrightarrow{AB}$ $\overrightarrow{AB}=\overrightarrow{CD}$	若 $\overrightarrow{AB}=(x_1,y_1)$ $\overrightarrow{CD}=(x_2,y_2)$ 则 $\overrightarrow{AB}=\overrightarrow{CD}\Leftrightarrow\begin{cases}x_1=x_2\\y_1=y_2\end{cases}$
负向量	大小相等但方向相反的向量		$\overrightarrow{AB}=-\overrightarrow{BA}$ $\overrightarrow{AB}=-\overrightarrow{CD}$	若 $\overrightarrow{AB}=(x_1,y_1)$ $\overrightarrow{CD}=(x_2,y_2)$ 则 $\overrightarrow{AB}=-\overrightarrow{CD}\Leftrightarrow\begin{cases}x_1=-x_2\\y_1=-y_2\end{cases}$
共线向量(平行向量)	方向相同或相反的向量(与大小无关)		$\overrightarrow{AB}/\!/\overrightarrow{AB}$ $\overrightarrow{AB}/\!/\overrightarrow{BA}$ $\overrightarrow{AB}/\!/\overrightarrow{CD}$	若 $\overrightarrow{AB}=(x_1,y_1)$ $\overrightarrow{CD}=(x_2,y_2)$ 则 $\overrightarrow{AB}/\!/\overrightarrow{CD}\Leftrightarrow\dfrac{x_1}{x_2}=\dfrac{y_1}{y_2}$ $(\overrightarrow{CD}\neq0)$

"张"口点拨

1. 零向量和所有向量共线.

2. 零向量可以看作是起点和终点重合的向量,$\vec{0} = \overrightarrow{AA} = \overrightarrow{BB} = \cdots$.

 向量的线性运算

运算	几何运算	代数运算	坐标运算
加法	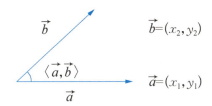	三角形法则 前提:首尾相连 $\overrightarrow{AB}+\overrightarrow{BC}=\overrightarrow{AC}$	$(x_1,y_1)+(x_2,y_2)=$ (x_1+x_2,y_1+y_2)
减法		三角形法则 前提:首首相接 $\overrightarrow{OA}-\overrightarrow{OB}=\overrightarrow{BA}$	$(x_1,y_1)-(x_2,y_2)=$ (x_1-x_2,y_1-y_2)
数乘	$A\ k\vec{a}\ C\ \vec{a}\ B$	/	$k(x,y)=(kx,ky)$

 向量的内积

1. 向量的内积

(1) 向量的夹角:两个向量所构成的不大于180°的角,$\vec{a}$与$\vec{b}$的夹角记为$\langle \vec{a},\vec{b}\rangle$.

$\vec{b}=(x_2,y_2)$
$\langle \vec{a},\vec{b}\rangle$
$\vec{a}=(x_1,y_1)$

（2）内积的坐标运算

运算	内积	推论
根据模与夹角	$\vec{a} \cdot \vec{b} = |\vec{a}||\vec{b}|\cos\langle\vec{a},\vec{b}\rangle$	$\vec{a} \cdot \vec{a} = \vec{a}^2 = |\vec{a}|^2$ $|\vec{a}| = \sqrt{\vec{a} \cdot \vec{a}}$
根据坐标	$\vec{a} \cdot \vec{b} = x_1 x_2 + y_1 y_2$	$\vec{a} \perp \vec{b} \Leftrightarrow \vec{a} \cdot \vec{b} = 0$ $\Leftrightarrow x_1 x_2 + y_1 y_2 = 0$

第九章 解析几何

我的笔记

解析几何,又叫作"坐标几何",早先也被称为"笛卡尔几何",是使用代数方法研究图形的几何学.

方程的概念

1. 图形的方程

图形的方程:平面直角坐标系中,用来描述图形上任意点的特征的等式.简言之,方程就是图形上任意点的横坐标 x 与纵坐标 y 的关系等式.

求图形的方程步骤:

(1) 发现图形上任意点的特征;

(2) 将点的特征用含有 x,y 的等式表示;

(3) 化简得到的等式.

要求图形的方程,只需要发现图形上任意点的特征.

在解析几何中,点和图形都可以用"代数"形式来表示:

用"坐标"可以表示一个点,如 $P(-1,3)$.

用"方程"可以表示一个图形,如 $2x-5y+6=0$.

2. 基本公式

要将图形上点的特征用含有 x,y 的等式表示,通常会用到两个基本公式:两点间的距离公式和中点坐标公式.

设平面直角坐标系中有两点 $A(x_1,y_1)$ 和 $B(x_2,y_2)$，点 $M(x,y)$ 是线段 AB 的中点.

两点间的距离公式	$\lvert AB\rvert=\sqrt{(x_2-x_1)^2+(y_2-y_1)^2}$
中点坐标公式	$\begin{cases}x=\dfrac{x_1+x_2}{2}\\[2mm]y=\dfrac{y_1+y_2}{2}\end{cases}$

直线的方程

1. 倾斜角、斜率

（1）直线的倾斜角

将 x 轴正方向与直线向上方向形成的夹角称为直线的倾斜角，倾斜角一般记为 α.

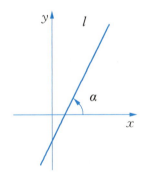

倾斜角用来反映直线的倾斜程度.

注意：

当直线与 x 轴平行或重合时，我们规定直线的倾斜角为 $0°$，因此，直线的倾斜角的取值范围为 $0°\leqslant\alpha<180°$.

（2）直线的斜率

将直线倾斜角的正切值叫作这条直线的斜率，用小写字母 k 表示.

直线斜率的求法:

由倾斜角求斜率	$k = \tan \alpha$
由直线上任意两点的坐标求斜率	$k = \dfrac{y_2 - y_1}{x_2 - x_1}$ $(x_1 \neq x_2)$

斜率也是用来反映直线的倾斜程度.

 "张"口点拨

所有直线都有倾斜角.

不是所有直线都有斜率,垂直于 x 轴的直线(倾斜角为 $90°$)没有斜率.

注意:

倾斜角与斜率的对应关系.

倾斜角	$0°$	$30°$	$45°$	$60°$	$90°$	$120°$	$135°$	$150°$
	0	$\dfrac{\pi}{6}$	$\dfrac{\pi}{4}$	$\dfrac{\pi}{3}$	$\dfrac{\pi}{2}$	$\dfrac{2\pi}{3}$	$\dfrac{3\pi}{4}$	$\dfrac{5\pi}{6}$
斜率	0	$\dfrac{\sqrt{3}}{3}$	1	$\sqrt{3}$	不存在	$-\sqrt{3}$	-1	$-\dfrac{\sqrt{3}}{3}$

 "张"口点拨

由直线斜率的求法

$$k = \frac{y_2 - y_1}{x_2 - x_1} (x_1 \neq x_2)$$

得到直线上任意点的特征:

直线上任意两点的纵坐标之差与横坐标之差的比值不变,等于一个常数,也就是直线的斜率 k.

据此特征,可以求直线的方程.

2. 直线的方程

方程名称	图形	已知条件	直线方程
点斜式		点 $P(x_0, y_0)$ 斜率 k	$y - y_0 = k(x - x_0)$
两点式		点 $P(x_1, y_1)$ 点 $Q(x_2, y_2)$	$\dfrac{y - y_1}{x - x_1} = \dfrac{y_1 - y_2}{x_1 - x_2}$ （其中 $x_1 \neq x_2$, $x \neq x_1$）
斜截式		斜率 k 纵截距 b	$y = kx + b$
截距式		横截距 a 纵截距 b	$\dfrac{x}{a} + \dfrac{y}{b} = 1$ （其中 $ab \neq 0$）
一般式		/	$Ax + By + C = 0$ （其中 A, B 不 全为 0）

我 的 笔 记

注意:

(1) 已知直线的一般式, 求直线的截距. 令 $x=0$, 求得的 y 值便是纵截距 b. 令 $y=0$, 求得的 x 值便是横截距 a.

(2) 已知直线的一般式 $Ax+By+C=0$, 求直线的斜率. 可将直线方程化为斜截式, x 前面的系数便是斜率. 也可以利用公式求斜率 $k=-\dfrac{A}{B}$ 以及纵截距 $b=-\dfrac{C}{B}$.

 "张"口点拨

有关截距的概念:

设直线 l 与 x 轴交于点 $A(a,0)$, 与 y 轴交于点 $B(0,b)$, 我们将 a 叫作直线 l 在 x 轴上的截距(或横截距), b 叫作直线 l 在 y 轴上的截距(或纵截距).

截距不是距离, 它可能为正, 可能为负, 也可能为零, 还可能不存在.

直线与直线的位置关系

1. 两直线的位置关系

方程	$l_1:y=k_1x+b_1$ $l_2:y=k_2x+b_2$	$l_1:A_1x+B_1y+C_1=0$ $l_2:A_2x+B_2y+C_2=0$
平行	$k_1=k_2$, 且 $b_1 \neq b_2$	$\dfrac{A_1}{A_2}=\dfrac{B_1}{B_2}\neq\dfrac{C_1}{C_2}(A_2B_2C_2\neq0)$
重合	$k_1=k_2$, 且 $b_1=b_2$	$\dfrac{A_1}{A_2}=\dfrac{B_1}{B_2}=\dfrac{C_1}{C_2}(A_2B_2C_2\neq0)$
相交	$k_1 \neq k_2$	$\dfrac{A_1}{A_2}\neq\dfrac{B_1}{B_2}(A_2B_2\neq0)$
垂直	$k_1 \cdot k_2=-1$	$A_1A_2+B_1B_2=0$

"张"口点拨

（1）和 $Ax+By+C=0$ 平行的直线可以设为 $Ax+By+C_1=0$，和 $y=kx+b$ 平行的直线可以设为 $y=kx+b_1$.

（2）和 $Ax+By+C=0$ 垂直的直线可以设为 $Bx-Ay+C_1=0$，和 $y=kx+b$ 垂直的直线可以设为 $y=-\dfrac{1}{k}x+b_1$.

 我的笔记

2. 相关求法或公式

（1）求两条直线的交点

方法：联立两直线方程，解方程组

$$\begin{cases} A_1x+B_1y+C_1=0, \\ A_2x+B_2y+C_2=0. \end{cases}$$

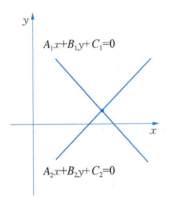

（2）点 $P(x_0,y_0)$ 到直线 $Ax+By+C=0$ 的距离公式

$$d=\dfrac{|Ax_0+By_0+C|}{\sqrt{A^2+B^2}}.$$

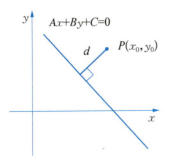

我 的 笔 记

（3）两平行线 $Ax+By+C_1=0$ 和 $Ax+By+C_2=0$ 间的距离公式

$$d=\frac{|C_1-C_2|}{\sqrt{A^2+B^2}}.$$

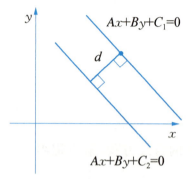

圆的方程

1. 圆的定义

（1）圆的定义

到定点（圆心）的距离等于定长（半径）的所有点构成的图形叫圆.

（2）圆上任意点的特征

圆上任意一点 M 到圆心 C 的距离等于半径, 即

$$|MC|=r.$$

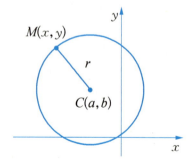

2. 圆的方程

方程名称	方程形式	圆心、半径
标准方程	$(x-a)^2+(y-b)^2=r^2$	圆心 (a,b) 半径 r
一般方程	$x^2+y^2+Cx+Dy+E=0$	圆心 $\left(-\dfrac{C}{2},-\dfrac{D}{2}\right)$ 半径 $\dfrac{1}{2}\sqrt{C^2+D^2-4E}$

注意：

一般方程 $x^2+y^2+Cx+Dy+E=0$ 表示圆时，要满足条件 $C^2+D^2-4E>0$，把一般方程配方化成标准方程，形式为

$$\left(x+\frac{C}{2}\right)^2+\left(y+\frac{D}{2}\right)^2=\frac{C^2+D^2-4E}{4}.$$

"张"口点拨

圆的直径式方程：已知 $A(x_1,y_1)$、$B(x_2,y_2)$，若线段 AB 是圆 C 的直径，则圆 C 的方程为

$$(x-x_1)(x-x_2)+(y-y_1)(y-y_2)=0.$$

直线与圆的位置关系

1. 直线与圆的位置关系

直线 $Ax+By+C=0$ 与圆 $(x-a)^2+(y-b)^2=r^2$ 的位置关系：

位置关系	相交	相切	相离
示意图			

位置关系	相交	相切	相离
几何法 (圆心到直线的距离与半径比较)	$d<r$	$d=r$	$d>r$
	$d=\dfrac{\lvert aA+bB+C\rvert}{\sqrt{A^2+B^2}}$		
代数法 (由交点个数,即根据 Δ 来判断)	$\Delta>0$	$\Delta=0$	$\Delta<0$
	联立方程 $\begin{cases} Ax+By+C=0 \\ (x-a)^2+(y-b)^2=r^2 \end{cases}$ 消元后,求 Δ		

2. 点与圆的位置关系

点 $P(x_0,y_0)$ 与圆 $(x-a)^2+(y-b)^2=r^2$ 的位置关系:

位置关系	点在圆内	点在圆上	点在圆外
示意图	 $P(x_0,y_0)$	 $P(x_0,y_0)$	 $P(x_0,y_0)$
几何法 (点到圆心的距离与半径比较)	$(x_0-a)^2+(y_0-b)^2<r^2$	$(x_0-a)^2+(y_0-b)^2=r^2$	$(x_0-a)^2+(y_0-b)^2>r^2$

3. 直线与圆相交的弦长

直线 $Ax+By+C=0$ 与圆 $(x-a)^2+(y-b)^2=r^2$ 相交:

位置关系	直线与圆相交
示意图	
几何法	利用弦心距 d(圆心到直线的距离)、弦长的一半、半径构成的直角三角形来计算: $$\lvert AB\rvert=2\sqrt{r^2-d^2}.$$ 此处,$d=\dfrac{\lvert aA+bB+C\rvert}{\sqrt{A^2+B^2}}$

续　表

位置关系	直线与圆相交
代数法	方法1:联立直线与圆的方程,求出两个交点坐标,再用两点间的距离公式求弦长 $$\vert AB\vert=\sqrt{(x_2-x_1)^2+(y_2-y_1)^2}.$$ 方法2:联立方程,由根与系数的关系,利用弦长公式求得 $$\vert AB\vert=\sqrt{1+k^2}\sqrt{(x_1+x_2)^2-4x_1x_2}$$

4. 圆的切线

点 $P(x_0,y_0)$ 与圆 $(x-a)^2+(y-b)^2=r^2$ 相切:

位置	P 在圆上	P 在圆外
示意图		
切线方程	$(x_0-a)(x-a)+(y_0-b)(y-b)=r^2$	/
求切线方法与步骤	利用圆心到切线的距离等于圆的半径这一方法: (1) 设切线方程为 $y-y_0=k(x-x_0)$,并化为一般方程形式; (2) 由圆心到切线的距离 d 等于半径 r,求出 k. 注意:要留意切线平行于 y 轴的情况(斜率 k 不存在)	

椭圆的标准方程

1. 椭圆的定义

(1) 椭圆

平面内到两个定点 F_1,F_2 的距离之和等于常数(常数必须大于两定点间的距离)的所有点构成的图形.

(2) 椭圆上任意点的特征

椭圆上任意一点 M 到两个焦点 F_1,F_2 的距离之和

不变, 等于 $2a$, 即

$$|MF_1| + |MF_2| = 2a.$$

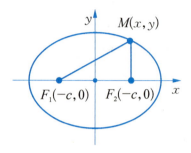

2. 椭圆的方程、相关概念

椭圆	横椭圆	竖椭圆
示意图		
焦点位置	x 轴上	y 轴上
标准方程	$\dfrac{x^2}{a^2} + \dfrac{y^2}{b^2} = 1$	$\dfrac{x^2}{b^2} + \dfrac{y^2}{a^2} = 1$
焦点坐标	$F_1(-c,0), F_2(c,0)$	$F_1(0,-c), F_2(0,c)$
顶点坐标	$A_1(-a,0), A_2(a,0)$ $B_1(0,-b), B_2(0,b)$	$A_1(0,-a), A_2(0,a)$ $B_1(-b,0), B_2(b,0)$
a,b,c 关系	$a^2 = b^2 + c^2 \qquad (a>b, a>c)$	
离心率	$e = \dfrac{c}{a} = \dfrac{\sqrt{a^2-b^2}}{a}(0<e<1)$	
相关概念	长轴: 线段 A_1A_2 短轴: 线段 B_1B_2 长轴长: $|A_1A_2| = 2a$ 　长半轴长: $|OA_1| = |OA_2| = a$ 短轴长: $|B_1B_2| = 2b$ 　短半轴长: $|OB_1| = |OB_2| = b$ 焦距: $|F_1F_2| = 2c$ 　半焦距: $|OF_1| = |OF_2| = c$	
规律关系	1. 焦点位置由 a 确定 (大的分母为 a^2). 2. 离心率 e 用于反映椭圆的扁圆程度 (e 越大, 椭圆越"扁", e 越小, 椭圆越"圆").	

双曲线的标准方程

1. 双曲线的定义

（1）双曲线

平面内与两个定点 F_1，F_2 的距离之差的绝对值等于常数（常数必须小于两定点间的距离）的所有点构成的图形.

（2）双曲线上任意点的特征

双曲线上任意一点 M 到两个焦点 F_1，F_2 的距离之差的绝对值不变，等于 $2a$，即

$$||MF_1|-|MF_2||=2a.$$

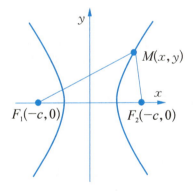

2. 双曲线的方程、相关概念

双曲线	左右支双曲线	上下支双曲线
示意图		

我的笔记

双曲线	左右支双曲线	上下支双曲线
焦点位置	x 轴上	y 轴上
标准方程	$\dfrac{x^2}{a^2}-\dfrac{y^2}{b^2}=1$	$\dfrac{y^2}{a^2}-\dfrac{x^2}{b^2}=1$
焦点坐标	$F_1(-c,0),F_2(c,0)$	$F_1(0,-c),F_2(0,c)$
顶点坐标	$A_1(-a,0),A_2(a,0)$	$A_1(0,-a),A_2(0,a)$
渐近线	$y=\pm\dfrac{b}{a}x$	$y=\pm\dfrac{a}{b}x$
a、b、c 关系	$c^2=a^2+b^2\quad(c>a,c>b)$	
离心率	$e=\dfrac{c}{a}=\dfrac{\sqrt{a^2+b^2}}{a}(e>1)$	
相关概念	实轴:线段 A_1A_2 虚轴:线段 B_1B_2 实轴长: $\lvert A_1A_2\rvert=2a$　实半轴长: $\lvert OA_1\rvert=\lvert OA_2\rvert=a$ 虚轴长: $\lvert B_1B_2\rvert=2b$　虚半轴长: $\lvert OB_1\rvert=\lvert OB_2\rvert=b$ 焦距: $\lvert F_1F_2\rvert=2c$　半焦距: $\lvert OF_1\rvert=\lvert OF_2\rvert=c$	
规律关系	1. 焦点位置由 a 确定("+"后的分母为 a^2). 2. 离心率 e 用于反映双曲线的开口程度(e 越大,双曲线开口越大,e 越小,双曲线开口越小).	

 "张"口点拨

1. 与椭圆 $\dfrac{x^2}{a^2}+\dfrac{y^2}{b^2}=1$ 共焦点的椭圆方程可以设为

$$\dfrac{x^2}{a^2+m}+\dfrac{y^2}{b^2+m}=1.$$

2. 与双曲线 $\dfrac{x^2}{a^2}-\dfrac{y^2}{b^2}=1$ 共焦点的双曲线方程可以设为

$$\dfrac{x^2}{a^2+m}-\dfrac{y^2}{b^2-m}=1.$$

3. 与双曲线 $\dfrac{x^2}{a^2}-\dfrac{y^2}{b^2}=1$ 共渐近线的双曲线方程可以设为

$$\dfrac{x^2}{a^2}-\dfrac{y^2}{b^2}=\lambda\,(\lambda\neq 0).$$

$\lambda>0$ 时，焦点在 x 轴上，为左右支双曲线；$\lambda<0$ 时，焦点在 y 轴上，为上下支双曲线.

4. 与椭圆 $\dfrac{x^2}{a^2}+\dfrac{y^2}{b^2}=1$ 共离心率的椭圆方程可以设为

$$\dfrac{x^2}{a^2}+\dfrac{y^2}{b^2}=k \text{ 或 } \dfrac{y^2}{a^2}+\dfrac{x^2}{b^2}=k\,(k>0).$$

5. 已知椭圆上任意两点的椭圆方程可以设为

$$mx^2+ny^2=1.$$

6. 已知双曲线上任意两点的双曲线方程可以设为

$$mx^2-ny^2=1.$$

抛物线的标准方程

1. 抛物线的定义

（1）抛物线

平面内，与一个定点和一条定直线的距离相等的所有点构成的图形.

（2）抛物线上任意点的特征

抛物线上任意一点到焦点 F 的距离与到准线 l 的距离相等，即

$$|MF|=|MK|.$$

我的笔记

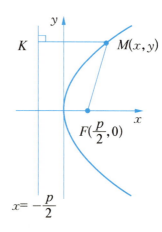

2. 抛物线的方程

抛物线	开口	标准方程	焦点坐标	准线方程
	向右	$y^2 = 2px$	$F\left(\dfrac{p}{2}, 0\right)$	$x = -\dfrac{p}{2}$
	向左	$y^2 = -2px$	$F\left(-\dfrac{p}{2}, 0\right)$	$x = \dfrac{p}{2}$
	向上	$x^2 = 2py$	$F\left(0, \dfrac{p}{2}\right)$	$y = -\dfrac{p}{2}$
	向下	$x^2 = -2py$	$F\left(0, -\dfrac{p}{2}\right)$	$y = \dfrac{p}{2}$

我 的 笔 记

章节 思维导图

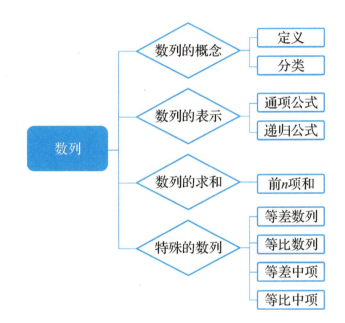

1. 数列的定义

数列:按一定顺序排列的一列数.

数列的项:数列中的每一个数都叫数列的一个项.其中,第一项又叫首项.

数列的一般形式可以写成 $a_1, a_2, a_3, \cdots, a_n, \cdots$,简记为 $\{a_n\}$.

我的笔记

 "张"口点拨

（1）数列 $5,25,125,625,3\,125,\cdots$，它的首项是 5，即 $a_1=5$；第 2 项是 25，即 $a_2=25$；第 n 项是 5^n，即 $a_n=5^n$.

（2）数列中的花括号类似集合中的花括号，表示"整体".

注意区别 $\{a_n\}$ 和 a_n：

集合形式表示的 $\{a_n\}$ 代表一个数列，而单个 a_n 表示的是数列的第 n 项.

2. 数列的分类

$$
数列
\begin{cases}
按项的个数
\begin{cases}
有穷数列：项数有限 \\
无穷数列：项数无限
\end{cases} \\
按项的变化趋势
\begin{cases}
递增数列：后一项都大于前一项 \\
递减数列：后一项都小于前一项 \\
常数数列：每项都相等 \\
摆动数列：项忽大忽小
\end{cases}
\end{cases}
$$

数列的表示

1. 表示数列的方法

$$
数列的表示
\begin{cases}
列举法：将数列的每一项都列举出来 \\
图象法：一系列孤立的点构成的图象 \\
解析法
\begin{cases}
通项公式：a_n 和 n 的关系等式 \\
递归公式：a_n 与前（后）几项的关系等式
\end{cases}
\end{cases}
$$

2. 通项公式与递归公式

通项公式：表示数列的第 n 项与项数 n 之间的关系等式，即 a_n 与 n 的关系式，如 $a_n=3n^2-2n$.

通项公式反映了数列的项的规律，利用通项公式可以快捷地求出数列的每一项.

递归公式:表示数列第 n 项前后几项的关系等式,即 a_n 前后几项的关系,如 $a_{n+2}=3a_{n+1}-2a_n$.

利用递归公式求数列的项时,要"层层递推",先求出前一项,才能求得下一项.

 "张"口点拨

例如,用不同的方法表示数列-2,0,2,4.

列举法:数列-2,0,2,4.

图象法:

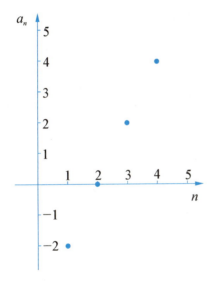

解析法:

(1) 通项公式: $a_n=2n-4(n=1,2,3,4)$.

(2) 递归公式: $a_{n+1}-a_n=2(n=1,2,3)$.

数列的求和

1. 数列的前 n 项和

用 S_n 表示数列的前 n 项和,即

我的笔记

$$S_n = a_1 + a_2 + a_3 + \cdots + a_n.$$

2. S_n 与 a_n 的关系

$$a_n = \begin{cases} S_1 \ (n=1), \\ S_n - S_{n-1} \ (n \geq 2). \end{cases}$$

特殊的数列

1. 等差数列与等比数列

数列	等差数列	等比数列
特征	从第2项开始,每一项减去前一项的差都等于同一个常数	从第2项开始,每一项与前一项的比都等于同一个常数
	$a_n - a_{n-1} = d \ (n \geq 2)$	$\dfrac{a_n}{a_{n-1}} = q \ (n \geq 2)$
常数名称	公差	公比
通项公式	$a_n = a_1 + (n-1)d$	$a_n = a_1 q^{n-1}$
求和公式	$S_n = \dfrac{n(a_1 + a_n)}{2}$ $= na_1 + \dfrac{n(n-1)}{2}d$	$S_n = \dfrac{a_1(1-q^n)}{1-q}$ $= \dfrac{a_1 - a_n q}{1-q} \ (q \neq 1)$ $S_n = na_1 \ (q=1)$
性质1	$a_n - a_m = (n-m)d$	$\dfrac{a_n}{a_m} = q^{n-m}$
性质2	若 $m+n=s+t$,则 $a_m + a_n = a_s + a_t$	若 $m+n=s+t$,则 $a_m \cdot a_n = a_s \cdot a_t$

 "张"口点拨

等差数列中,项和公差都可以为0.

等比数列中,项和公比都不可以为0.

2. 等差中项与等比中项

（1）等差中项：如果三个数 a, D, b 成等差数列，那么中间的一个数 D 叫 a 与 b 的等差中项，即

$$D = \frac{a+b}{2}.$$

（2）等比中项：如果三个数 a, G, b 成等比数列，那么中间的一个数 G 叫 a 与 b 的等比中项，即

$$G = \pm\sqrt{ab}.$$

我 的 笔 记

我 的 笔 记

_____

_____

_____

_____

_____

_____

_____

_____

_____

_____

_____

_____

_____

_____

_____

_____

_____

_____

_____

_____

_____

_____

_____

_____

_____

第十一章 点线面的位置关系

章节 思维导图

平面的概念

1. 平面的定义

平面:生活中,海平面、黑板面、桌面都给我们一种平面的形象.几何中的"平面"就是从生活中的这些形象里抽象出来的.平面具有如下特征:(1)无厚度;(2)面积无法测量;(3)无限延展;(4)平面内的一条直线将平面分成两部分;(5)一个平面将空间分成两部分.

空间中,平面可以定义为"到两点距离相等的点的轨迹."

2. 平面的画法

放置	水平平面	竖直平面
画法	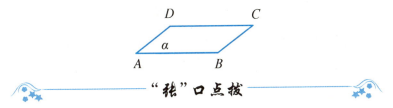	
注意	用平行四边形表示.其中,锐角画成45°,横边画成邻边的2倍长	用矩形表示.其中,横边画成邻边的2倍长

3. 平面的表示

（1）希腊字母表示:通常用希腊字母 α, β, γ 表示.如平面 α、平面 β、平面 γ.

（2）英文字母表示:用四个顶点的字母或者两个相对顶点的字母来表示平面.如平面 $ABCD$、平面 AC.

─────── "张"口点拨 ───────

实际题目中,表示平面的图形不一而足,三角形、四边形、五边形、圆形等,都可以表示一个平面.

4. 点、线、面的关系

直线是点的集合,平面也是点的集合.

（1）点与直线的位置关系

位置	点在直线上	点在直线外
画法		
表示	$A \in l$	$B \notin l$

（2）点与平面的位置关系

位置	点在平面内	点在平面外
画法		
表示	$A \in \alpha$	$B \notin \alpha$

（3）直线与平面的位置关系

位置	直线在平面内	直线在平面外
画法		
表示	$l \subsetneqq \alpha$	$l \not\subset \alpha, l \cap \alpha = A$ $p \not\subset \alpha, p // \alpha$

"张"口点拨

立体几何中，"点"是元素，"直线""平面"是点的集合，因此，是"点构成线，点构成面"，而不能理解为"点构成线，线构成面".

5. 平面的基本性质

公理 1　如果一条直线的两点在一个平面内，那么这条直线上所有的点都在这个平面内.

公理 2　过不在同一条直线上的三点，有且只有一个平面(确定平面的条件).

推论 1　直线和直线外一点确定一平面.

推论 2　两相交直线确定一平面.

推论 3　两平行直线确定一平面.

公理 3　如果不重合的两个平面有一个公共点,那么它们有且只有一条过该点的公共直线.

公理 4　平行于同一条直线的两条直线互相平行(平行线的传递性).

直线与直线的位置关系

1. 直线与直线的位置关系

$$直线与直线\begin{cases}共面\begin{cases}相交:有1个交点\\平行:没有交点\end{cases}\\异面:没有交点\end{cases}$$

2. 异面直线

异面直线:不同在任何一个平面内的两条直线.

画法有 2 种,如下所示.

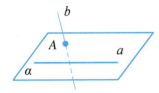
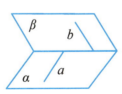

"张"口点拨

"不同在(某)一个平面内的直线"并不是异面直线,不同在任何一个平面内的直线才是异面直线,即找不到一个平面,使得两条直线都在这个平面内.

3. 异面直线所成的角

异面直线所成的角:过空间任意一点作两条直线分别平行于两条异面直线,它们所成的锐角(或直角)就是异面直线所成的角.

两条异面直线所成角的范围 $\theta\in(0°,90°]$.

当 $\theta=90°$ 时,两异面直线垂直.注意:

(1)求异面直线所成的角,其实质是在平移直线,平移不改变角的大小.

(2)在平移直线时,往往先取某条直线上的一点,过这点作另一条直线的平行线.

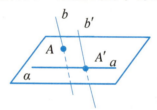 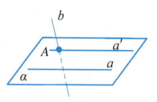

"张"口点拨

求异面直线所成角步骤:

(1)利用定义构造角,可固定一条,平移另一条,或两条同时平移到某个特殊的位置,角的顶点选在特殊的位置上;

(2)说明作出的角即为所求角;

(3)构造三角形,在三角形中求角.

直线与平面的位置关系

1. 直线与平面的位置关系

$$\text{直线与平面}\begin{cases}\text{直线在平面内:有无数个交点}\\\text{直线在平面外}\begin{cases}\text{相交:有 1 个交点}\\\text{平行:没有交点}\end{cases}\end{cases}$$

2. 直线与平面所成的角

（1）直线与平面相交

① 垂直：如果直线 l 和平面 α 内的所有直线都垂直，则称直线 l 和平面 α 垂直，记为 $l \perp \alpha$.

垂线 l 和平面 α 的交点称为垂足.

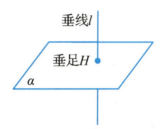

② 斜交：如果直线 l 和平面 α 相交，但不和平面 α 垂直，则称直线 l 和平面 α 斜交，直线 l 称为平面 α 的斜线.

斜线 l 和平面 α 的交点称为斜足.

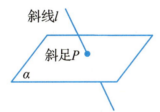

（2）点或直线在平面上的射影

① 点在平面上的射影：从一点向一个平面作垂线，垂足叫作这点在平面上的射影.

位置	点在平面内	点在平面外
画法		
点在平面上的射影	点 A 的射影是点 A	点 B 的射影是点 B' 注：$BB' \perp \alpha$，B'为垂足

② 直线在平面上的射影：一条直线的各点在一个平面上射影所构成的图形叫作这条直线在平面上的射影.

我 的 笔 记

_____

_____

_____

_____

_____

_____

_____

_____

_____

_____

_____

_____

_____

_____

_____

_____

_____

_____

_____

_____

_____

_____

_____

_____

_____

_____

_____

位置	直线在平面内	直线与平面斜交
画法		
表示	直线 l 的射影是直线 l	直线 l 的射影是直线 l' 注：$AA' \perp \alpha$，A' 为垂足 点 A 的射影为点 A' 点 B 的射影为点 B

——————— "张"口点拨 ———————

"射影"可以形象地理解为在垂直手电筒的照射下，点或线在平面内留下的"影子".

（3）斜线与平面所成角

斜线与平面所成的角：平面的一条斜线和它在平面内的射影所成的锐角，叫作这条直线和这个平面所成的角.

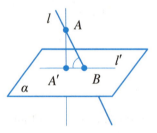

上图中,斜线 l 与平面 α 所成的角为 $\angle ABA'$.

（4）平行或垂直于平面的直线与平面所成角

规定：

平面的平行线与平面所成的角为 $0°$.

平面的垂线与平面所成的角为 $90°$.

3. 直线与平面垂直

判定定理:如果一条直线和一个平面内的两条相交

直线都垂直,那么这条直线垂直这个平面.

性质定理:如果两条直线同垂直于一个平面,那么这两条直线平行.

定理	图形语言	符号语言
判定定理		$\left.\begin{array}{l} l \perp a \\ l \perp b \\ a \cap b = O \\ a \subsetneqq \alpha \\ b \subsetneqq \alpha \end{array}\right\} \Rightarrow l \perp \alpha$
性质定理		$\left.\begin{array}{l} a \perp \alpha \\ b \perp \alpha \end{array}\right\} \Rightarrow a /\!/ b$

4. 直线与平面平行

判定定理:平面外一条直线与此平面内一条直线平行,则该直线与此平面平行.

性质定理:如果一条直线和一个平面平行,经过这条直线的平面和这个平面相交,那么这条直线和两平面的交线平行.

定理	图形语言	符号语言
判定定理		$\left.\begin{array}{l} a \not\subset \alpha \\ a /\!/ b \\ b \subsetneqq \alpha \end{array}\right\} \Rightarrow a /\!/ \alpha$
性质定理		$\left.\begin{array}{l} a /\!/ \alpha \\ a \subsetneqq \beta \\ \alpha \cap \beta = b \end{array}\right\} \Rightarrow a /\!/ b$

我的笔记

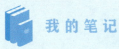

我 的 笔 记

平面与平面的位置关系

1. 平面与平面的位置关系

$$平面与平面\begin{cases}相交:无数个交点\\平行:没有交点\end{cases}$$

2. 平面与平面所成的角

（1）二面角

二面角:从一条直线出发的两个半平面所组成的图形叫作二面角,这条直线叫作二面角的棱,这两个半平面叫作二面角的面.

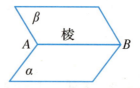

上图中,二面角记为"二面角 $\alpha\text{-}AB\text{-}\beta$".

二面角的范围为 $[0°,180°]$.

（2）二面角的平面角

二面角的平面角:以二面角的棱上任意一点为顶点,在两个面内分别作垂直于棱的射线,这两条射线所成的角叫作二面角的平面角.

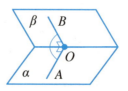

上图中,二面角的平面角为 $\angle AOB$.

3. 平面与平面垂直

两相交平面如果所组成的二面角的平面角等于90°

（直二面角），那么这两个平面垂直.

　　如果两个平面垂直，那么所成的二面角为直二面角.

　　直二面角的画法如下：

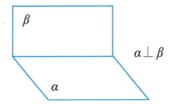

$\alpha \perp \beta$

4. 平面与平面平行

　　（1）如果两个平面平行，那么某一个平面内的直线与另一个平面平行.（面面平行→线面平行）

　　（2）如果两个平行平面都和第三个平面相交，那么它们的交线平行.（面面平行→线线平行）

我 的 笔 记

我的笔记

第十二章 多面体与旋转体

章节 思维导图

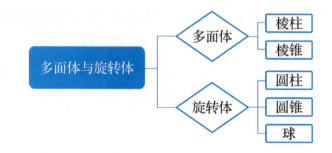

空间几何体分类

1. 空间几何体的分类

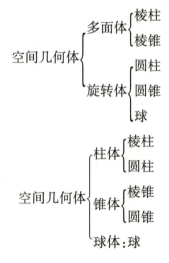

2. 多面体

多面体:由若干个平面多边形围成的几何体.

围成多面体的各个多边形叫作多面体的面,相邻两个面的公共边叫作多面体的棱,棱与棱的公共点叫作顶点.

3. 旋转体

旋转体:一个平面图形绕它所在平面内的一条定直线旋转形成的封闭几何体.其中,这条定直线称为旋转体的轴.

1. 多面体

（1）棱柱

棱柱:有两个面互相平行,其余各面都是四边形,并且每相邻两个四边形的公共边都互相平行,由这些面所围成的几何体叫棱柱.

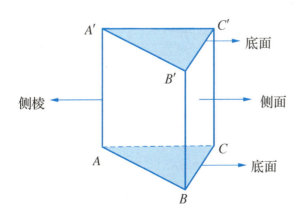

我 的 笔 记

我 的 笔 记

棱柱的分类：

$$
棱柱
\begin{cases}
\underline{直棱柱} \atop \text{侧棱垂直于底面}
\begin{cases}
\text{正棱柱：底面是正多边形} \\
\text{其他直棱柱：底面不是正多边形}
\end{cases} \\
\underline{斜棱柱} \atop \text{侧棱不垂直于底面}
\end{cases}
$$

棱柱的性质：

① 侧棱都相等,侧面是平行四边形；

② 直棱柱的侧棱长与高相等,侧面与对角面是矩形.

棱柱的相关公式

$$
\begin{aligned}
S_{直棱柱侧} &= c \cdot h, \\
S_{直棱柱全} &= c \cdot h + 2S_{底}, \\
V_{棱柱} &= S_{底} \cdot h.
\end{aligned}
$$

其中,c 为底面周长,h 为棱柱的高.

 "张"口点拨

长方体是直四棱柱,正方体是正四棱柱.

长方体的体对角线长等于一个顶点上三条棱的平方和的算术平方根,即

$$
BD' = \sqrt{a^2 + b^2 + c^2}.
$$

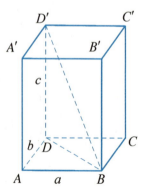

（2）棱锥

棱锥:有一个面是多边形,其余各面都有一个公共顶点的三角形,由这些面所围成的几何体叫棱锥.

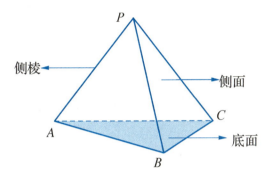

棱锥的分类:

$$棱锥\begin{cases}正棱锥\begin{cases}① 底面是正多边形\\② 顶点在底面的射影是底面的中心\end{cases}\\其他棱锥\end{cases}$$

棱锥的性质:

① 侧棱不一定相等,侧面都是三角形;

② 正棱锥各侧棱相等,各侧面是全等的等腰三角形;

③ 正棱锥中六个元素,即侧棱、高、斜高、侧棱在底面内的射影、斜高在底面的射影、底面边长一半,构成四个直角三角形.(如下图,$\triangle POC$,$\triangle POH$,$\triangle PCH$,$\triangle OCH$为直角三角形)

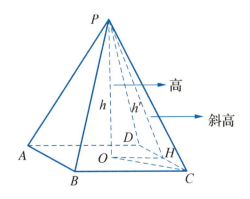

棱锥的相关公式:

$$S_{\text{正棱锥侧}} = \frac{1}{2}ch',$$

$$S_{\text{正棱锥全}} = \frac{1}{2}ch' + S_{\text{底}},$$

$$V_{\text{棱锥}} = \frac{1}{3}S_{\text{底}} \cdot h.$$

其中, c 为底面周长, h' 侧面斜高, h 棱锥的高.

3. 旋转体

（1）圆柱

圆柱:以矩形的一边所在的直线为旋转轴,其余各边旋转而形成的曲面所围成的几何体叫圆柱.

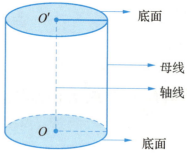

圆柱的性质:

① 上、下底及平行于底面的截面都是等圆;

② 过轴的截面(轴截面)是全等的矩形;

③ 圆柱的侧面展开图是以底面周长和母线长为邻边的矩形.

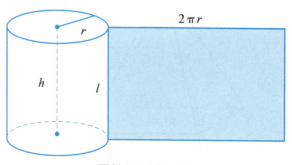

圆柱侧面展开图

圆柱的相关公式：

$$S_{圆柱侧} = 2\pi rh,$$
$$S_{圆柱全} = 2\pi rh + 2\pi r^2,$$
$$V_{圆柱} = S_{底}\, h = \pi r^2 h.$$

其中，r 为底面半径，h 为圆柱高.

（2）圆锥

圆锥：以直角三角形的一直角边所在的直线为旋转轴，其余各边旋转而形成的曲面所围成的几何体叫圆锥.

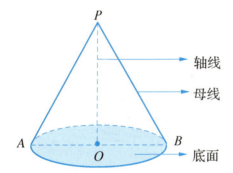

圆锥的性质：

① 轴截面是等腰三角形（$\triangle PAB$）；

② $l^2 = h^2 + r^2$；

③ 圆锥的侧面展开图是以顶点为圆心，以母线长为半径的扇形.

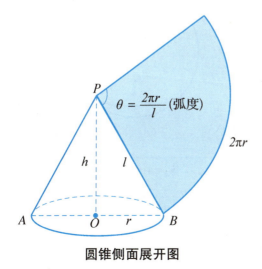

圆锥侧面展开图

圆锥的相关公式：

$$S_{圆锥侧} = \pi r l,$$
$$S_{圆锥全} = \pi r (r+l),$$
$$V_{圆锥} = \frac{1}{3} \pi r^2 h.$$

其中，r 为底面半径，h 为圆锥的高，l 为母线长.

（3）球

球：以半圆的直径所在直线为旋转轴，半圆旋转一周形成的旋转体叫球.

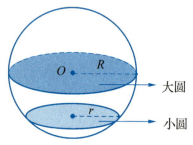

球的性质：

① 球心与截面圆心的连线垂直于截面；

② $r = \sqrt{R^2 - d^2}$；

其中，球心到截面的距离为 d，球的半径为 R，截面的半径为 r.

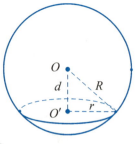

球的相关公式：

$$S_{球} = 4\pi R^2,$$
$$V_{球} = \frac{4}{3} \pi R^3.$$

其中，R 为球的半径.

第十三章 计数原理、二项式定理

章节 思维导图

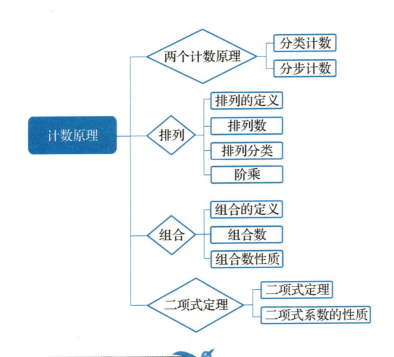

两个计数原理

计数原理即计数的规则或方法.最原始的计算方式很直接,采用简单算筹形式、以一一对应的原则来进行,如扳指头等.例如,在数羊的只数时,每有一只羊就扳一个指头;也可以采用列举法计数,即把所有可能的情况都列举出来,再数数.

对于一些复杂的计数,利用扳指头、列举等方法就显得太过笨拙,此时,需要总结一些特殊计数问题的规律,

我的笔记

我的笔记

以方便计数.

1. 分类计数

分类计数原理:做一件事情,完成它有 n 类办法,在第一类办法中有 m_1 种不同的方法,在第二类办法中有 m_2 种不同的方法,……,在第 n 类办法中有 m_n 种不同的方法,每种方法都能完成这件事,那么完成这件事情共有 $m_1 + m_2 + \cdots + m_n$ 种不同的方法.

由于分类计数问题采用加法计算,所以分类计数原理又叫加法原理.

 "张"口点拨

例 叶子从杭州前往北京出差,可选择的火车有 2 班(G172、G32),飞机有 3 班(JD5323、MU5131、GJ8987),问有叶子出差有几种选择方式?

解:(1)原始计数方法——把所有情况都列举出来:

G172、G32、JD5323、MU5131、GJ8987.

数数可知,共有 5 种.

(2)采用计数原理——这是一个分类计数问题,从杭州去北京分成乘火车、乘飞机两类.

第一类:乘火车,有 2 种方式;

第二类:乘飞机,有 3 种方式.

所以,共有 2+3=5(种)选择方式.

2. 分步计数

分步计数原理:做一件事,完成它需要分成 n 个步骤,做第一步有 m_1 种不同的方法,做第二步有 m_2 种不同的方法,……,做第 n 步有 m_n 种不同的方法,那么完成这件事共有 $m_1 \times m_2 \times \cdots \times m_n$ 种不同的方法.

由于分步计数问题采用乘法计算,所以分步计数原理又叫乘法原理.

 "张"口点拨

例 两名小孩柱子和树子玩"石头·剪刀·布"的游戏,问有几种情形?

解:(1)原始计数方法——把所有情况都列举出来.

石头—石头、石头—剪刀、石头—布、剪刀—石头、剪刀—剪刀、剪刀—布、布—石头、布—剪刀、布—布,数数可知,共有9种.

(2)采用计数原理——这是一个分步计数问题,玩"石头·剪刀·布"的游戏分为两步.

第一步:柱子出,有石头、剪刀、布3种情况;

第二步:树子出,有石头、剪刀、布3种情况.

所以,共有 $3 \times 3 = 9$ 种.

 "张"口点拨

对既要用到分类、也要用到分步的综合计数问题,要"先分类,再分步",检查不要遗漏相关类型.

 **排列**

1. 排列的定义

排列:从 n 个不同的元素中任取 $m(m \leqslant n)$ 个元素,按照一定顺序排成一列,叫作从 n 个不同元素中取出 m 个元素的一个排列.

排列问题实质是一个分步计数问题,"从 n 个不同的元素中任取 $m(m \leqslant n)$ 个元素,按照一定顺序排成一列",分成 m 步,其所有情形有

 我 的 笔 记

我的笔记

$$\underbrace{n\times(n-1)\times(n-2)\times\cdots\times(n-m+1)}_{m个数相乘}种.$$

 "张"口点拨

排列是一种特殊的分步计数.

2. 排列数

将 $\underbrace{n\times(n-1)\times(n-2)\times\cdots\times(n-m+1)}_{m个数相乘}$ 用符号 P_n^m（或

A_n^m）表示,并称为排列数.

$$P_n^m=\underbrace{n\times(n-1)\times(n-2)\times\cdots\times(n-m+1)}_{m个数相乘},$$

上述公式叫排列数公式.

3. 排列的分类

$$排列\begin{cases}全排列:当\ m=n\ 时.\\选排列:当\ m<n\ 时.\end{cases}$$

4. 阶乘

对于全排列,全排列数 $P_n^n=n\times(n-1)\times(n-2)\times\cdots\times3\times2\times$ $1=1\times2\times3\times\cdots\times(n-2)\times(n-1)\times n$,是正整数 1 到 n 的连乘积,数学中将其用符号"$n!$"表示,称为"n 的阶乘".

$$n!=P_n^n=1\times2\times3\times\cdots\times(n-2)\times(n-1)\times n.$$

此外,规定 $0!=1$.

组合

1. 组合的定义

组合:从 n 个不同的元素中任取 $m(m\leq n)$ 个元素合

成一组,叫作从 n 个不同元素中取出 m 个元素的一个组合.

排列问题与元素的顺序有关系,组合问题与元素的顺序无关.

组合问题实质是在排列的基础上,除以元素重复的次数. m 个元素,其重复数有 $m\times(m-1)\times(m-2)\times\cdots 3\times 2\times 1$ 次,所以"从 n 个不同的元素中任取 $m(m\leq n)$ 个元素合成一组",其所有情形有

$$\frac{n\times(n-1)\times(n-2)\times\cdots\times(n-m+1)}{m\times(m-1)\times(m-2)\times\cdots\times 3\times 2\times 1}=\frac{\mathrm{P}_n^m}{\mathrm{P}_m^m}\text{种.}$$

2. 组合数

将 $\dfrac{n\times(n-1)\times(n-2)\times\cdots\times(n-m+1)}{m\times(m-1)\times(m-2)\times\cdots\times 3\times 2\times 1}$ 用符号 C_n^m 表示,并称之为组合数.

$$\mathrm{C}_n^m=\frac{\mathrm{P}_n^m}{\mathrm{P}_m^m}=\frac{n\times(n-1)\times(n-2)\times\cdots\times(n-m+1)}{m\times(m-1)\times(m-2)\times\cdots\times 3\times 2\times 1},$$

上述公式叫组合数公式.

3. 组合数性质

性质(1): $\mathrm{C}_n^m=\mathrm{C}_n^{n-m}$,如 $\mathrm{C}_9^2=\mathrm{C}_9^7$.

性质(2): $\mathrm{C}_n^{m-1}+\mathrm{C}_n^m=\mathrm{C}_{n+1}^m$,如 $\mathrm{C}_9^2+\mathrm{C}_9^3=\mathrm{C}_{10}^3$.

二项式定理

1. 二项式定理

$$(a+b)^n=\mathrm{C}_n^0 a^n+\mathrm{C}_n^1 a^{n-1}b+\mathrm{C}_n^2 a^{n-2}b^2+\cdots+\mathrm{C}_n^k a^{n-k}b^k+\cdots+$$

我的笔记

$C_n^n b^n (n \in \mathbf{Z}^+)$，这个公式称为二项式定理.

几个概念：

（1）二项展开式

$C_n^0 a^n + C_n^1 a^{n-1} b + C_n^2 a^{n-2} b^2 + \cdots + C_n^k a^{n-k} b^k + \cdots + C_n^n b^n$ 叫 $(a+b)^n$ 的二项展开式.

（2）二项式系数

$C_n^0, C_n^1, C_n^2, \cdots, C_n^k, \cdots, C_n^n$ 叫二项式系数.

（3）二项展开式的通项

$C_n^k a^{n-k} b^k$ 叫二项展开式的通项，由于其是第 $(k+1)$ 项，所以用 T_{k+1} 表示，即

$$T_{k+1} = C_n^k a^{n-k} b^k.$$

 "张"口点拨

（1）二项式定理中，$(a+b)^n$ 不能写成 $(b+a)^n$，二者展开式中项的顺序不一样.

（2）"二项式系数"和"系数"是不同的两个概念，二项式系数专指"$C_n^0, C_n^1, C_n^2, \cdots, C_n^k, \cdots, C_n^n$"这些组合数，而系数是"字母前面的常数"，除了前面的组合数外，还包括其他常数.

如 $(x-2)^5$ 的展开式中，第 3 项为 $C_5^2 x^3 (-2)^2$，第 3 项的二项式系数为 C_5^2，第 3 项的系数为 $C_5^2 \times (-2)^2$.

2. 二项式系数的性质

（1）对称性

首末两端"等距离"的两个二项式系数相等，即 $C_n^k = C_n^{n-k}$.

（2）最大值

当 n 为偶数时，二项式系数中，$C_n^{\frac{n}{2}}$ 最大.

当 n 为奇数时,二项式系数中,$C_n^{\frac{n-1}{2}}=C_n^{\frac{n+1}{2}}$ 最大.

(3) 二项式系数的和

$$C_n^0+C_n^1+C_n^2+\cdots+C_n^n=2^n.$$

此外,奇数项的二项式系数之和与偶数项的二项式系数之和相等,即

$$C_n^0+C_n^2+C_n^4+\cdots=2^{n-1},$$

$$C_n^1+C_n^3+C_n^5+\cdots=2^{n-1}.$$

 "张"口点拨

若要求二项展开式全体系数的和,只需要令字母等于 1 即可.

例如,求 $(x-2)^5$ 的二项展开式中的所有系数之和. 令 $x=1$,有 $(1-2)^5=-1$,故所有系数之和为 -1.

 "张"口点拨

若集合 A 是由 n 个元素构成的集合,求集合 A 的子集个数.

分析:

0 个元素构成的集合有 C_n^0 个;

1 个元素构成的集合有 C_n^1 个;

2 个元素构成的集合有 C_n^2 个;

……

n 个元素构成的集合有 C_n^n 个.

所以,全体子集共有 $C_n^0+C_n^1+C_n^2+\cdots C_n^n=2^n$ 个.

 我 的 笔 记

我的笔记

第十四章

概 率

章节 思维导图

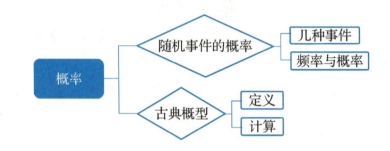

随机事件的概率

1. 几种事件

事件	定义	表示
必然事件	在一定条件下,必然发生的事件	Ω
不可能事件	在一定条件下,不可能发生的事件	$\varnothing$
随机事件	在一定条件下,可能发生、也可能不发生的事件	$A, B, C\cdots$

 "张"口点拨

　　三种"事件"的定义中,"在一定条件下"这个前提不可少.条件发生改变,事件也可能会发生改变.

2. 频率与概率

（1）频率

频数:在 n 次重复试验中,事件 A 发生了 m 次($0 \leq m \leq n$),则 m 叫事件 A 发生的频数.

频率:事件 A 的频数在试验的总次数中所占的比例 $\dfrac{m}{n}$,叫事件 A 发生的频率.

（2）概率

概率:一般地,当试验次数 n 充分大时,如果事件 A 发生的频率 $\dfrac{m}{n}$ 总稳定在某个常数附近,那么就把这个常数叫事件 A 发生的概率,记为 $P(A)$.

注意:

必然事件概率为 1,不可能事件概率为 0,随机事件的概率范围为 $0 \leq P(A) \leq 1$.

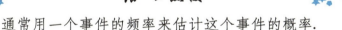

"张"口点拨

通常用一个事件的频率来估计这个事件的概率.

概率是用来描述事件发生的可能性的大小,可以形象理解为"事件发生的比例".

 古典概型

1. 古典概型的定义

在一个随机试验中,如果

（1）试验中所有可能出现的基本事件只有有限个;

（2）试验中每个基本事件出现的可能性相等.

具有以上两个特点的概率模型是大量存在的,这种

我的笔记

概率模型称为古典概率模型,简称古典概型,也叫等可能概型

古典概型的两个特点:

①有限性(所有可能出现的基本事件只有有限个);

②等可能性(每个基本事件出现的可能性相等).

基本事件的两个特点:

①任何两个基本事件是互斥的(不可能同时发生);

②任何事件(除不可能事件)都可以表示成基本事件的和.

2. 古典概型的计算

$$P(A) = \frac{m}{n} = \frac{A \text{ 包含的基本事件的个数}(m \text{ 个})}{\text{基本事件的总数}(n \text{ 个})}.$$